さらば、GG資本主義

投資家が日本の未来を信じている理由

藤野英人

光文社新書

さらば、GG資本主義──目次

企画協力：柿内芳文
構成：室谷明津子

第1章

日本の「GG資本主義」にモノ申す

「高齢化社会」が「みんなの成長」を邪魔している！

私の仕事は、「ファンドマネージャー」。一般的には、あまりなじみのない職業かもしれませんね。お客さまから預かったお金を金融商品（株や国債など）に投資して、プラスにしてお返しする。いわゆる「資産運用のプロ」です。

資産を増やすには、その投資先である株式会社や国の経済が昨日より今日、今日より明日、より良くならなければいけません。ファンドマネージャーは、そういう可能性があるところを見つけて投資をします。

だから、私は自他ともに認める「成長マニア」です。人や会社が成長し、昨日できなかったことを今日できるようになる。そうやって、一歩前進する姿を見るのがうれしいし、大好きなのです。

ファンドマネージャーになって、もう約30年が経とうとしています。日々、会社の成長や、経済・社会の成長に向き合い、思考してきました。成長マニアとしては、まさに天職ともいえる仕事でした。

そんな私が、いまとっても気になっていることがあります。

それは、**「高齢化社会」**。

メディアが日本の高齢化社会の問題を取り上げるとき、たいていは「財政問題」に焦点が当てられますよね。

人口構成が急激に変化する中で、いまある年金や医療・介護費用のシステムを維持するのが難しくなる。政府の推計によると、2050年には1人の高齢者を1人の働き手が支えなければならなくなる（注1）と予想されています。そのツケが回ってくる若い世代は、どう考えてもいまより豊かな暮らしができないだろう。そんな状況で、未来に希望を持てるはずがないのではないか――。よく見かける論調です。

ただ、ファンドマネージャーとして資本市場と対峙《たいじ》してきている私からすると、高齢化社

注1　http://www.mhlw.go.jp/seisakunitsuite/bunya/hukushi_kaigo/kaigo_koureisha/chiiki-houkatsu/dl/link1-1.pdf　スライド3枚目

会は、財政だけに及ぶ問題だとは思えませんでした。**日本の会社や経済においても、もっと広範にいろいろな部分で「みんなの成長」の邪魔をしている**のではないか、と。

高齢化社会と成長との関係性について考えるうえで、非常に示唆的だなと思ったエピソードがあります。

私のベンチャーファイナンスの先生である、斉藤惇《さいとうあつし》さんとお話ししたときに、聞いた話です。斉藤さんは野村證券の副社長、東京証券取引所グループの社長などを歴任された辣腕の実業家で、年齢は70代後半。

彼は、こんなふうに言っていました。

「私は40代のころ、自分が前に出ようとしたら先輩たちから止められた。『君はまだ若いから、年長者を立てなさい。そのうち順番が回ってきたら、主導権を握れるから』というのが、先輩たちの言い分でした。

そういうものかと思って順番を譲り、待っていてどうなったか。いま私は70代ですが、まだ80代のみなさんがお元気で現役として残っています（笑）。

藤野君、これが高齢化社会というものですよ。待っていても順番は回ってこない。だから、チャンスがあれば主導権を奪取しなさい」

70代になってなお先輩が君臨する社会。考えただけでぞっとしますね。言ってみれば体育会系の部活で先輩にしごかれて、「1年ガマンすれば3年生が出て行く」と思ってがんばったのに、何年経っても先輩たちは出て行かない――そんな状況です。

上の代が実権を握り続け、譲ってくれないのだから、下の世代は力で対抗するべきだ。そうしないと、若い人が活躍するチャンスがいつまで経ってもやってこない。これが、斉藤さんの教えでした。

コトの深刻さを感じたセブン＆アイの「お家騒動」

このような現象は、**一部の特殊な業界だけで起きていることではありません。**多くの身近な場所——例えば会社で、似たような風景が繰り広げられています。

最近でいうと、住宅大手の積水ハウスのトップ交代で、ドタバタ騒ぎがありました。「中興の祖」である和田《わだ》勇《いさみ》氏（当時76歳）が会長を退き、同時に阿部《あべ》俊則《としのり》氏（当時66歳）が社長から会長に異動する人事が行われたときのことです。最初の記者会見では、「若手に道を譲る勇退」という大義名分が述べられていました。ところが後になって、メディアが「事実は違う」と報道しました。

その内容は、こうです。積水ハウスは前年、東京・五反田の土地購入をめぐり、地面師に63億円を支払う詐欺事件にあっていました。その責任を追及する形で、和田氏は取締役会で阿部氏に社長退任を求めました。しかし賛成・反対同数で成立せず、逆に阿部氏から和田氏解任の緊急動議が出され、賛成多数となったのです。つまり、和田氏が仕掛けた謀反が失敗して、逆に失脚したという構図です。

これらは和田氏がメディアの取材に自ら答えて語った内容です。和田氏は会社にダメージを与えることがわかっていながら、身内の恥をさらしました。報道が事実なら、トップ交代は「若手に道を譲る」どころか、会長・社長の権力争い。詐欺問題の責任を押し付け合った形で、なんだか格好悪いです。

この手のお家騒動、よく目にするようになったと思いませんか？

少し古い例ですが、ダントツに象徴的だったのが、セブン‐イレブンの持ち株会社であるセブン&アイ・ホールディングス（以下、セブン&アイ）の鈴木敏文《すずきとしふみ》氏（現・名誉顧問）が、会長から退くことを表明した記者会見です。一部始終を見ていて、私は何度ものけぞりそうになりました。

「日本を代表する小売業のトップ交代の場だというのに、こんなにも幼稚な会話が交わされるなんて……」。驚きながらも、日本の大企業の現場で起きている高齢化の闇がいかに深いか、その片鱗《へんりん》を見た気がしました。

鈴木敏文氏は、1932年生まれ。米国発のコンビニエンスストアという業態を日本で大きく発展させ、流通業の銀行参入の草分け、セブン銀行を創業するなど、セブン&アイを成長させた立役者です。流通業界のカリスマといえるでしょう。

この会見時点で、鈴木氏は83歳でした。

会見には、鈴木氏をはじめ、セブン&アイの社長である村田紀敏《むらたのりとし》氏(当時72歳)、顧問の後藤光男《ごとうみつお》氏(当時81歳)と、佐藤信武《さとうのぶたけ》氏(当時77歳)の4人が出席しました。70代のお二人と80代のお二人。重鎮がずらっと並び、ものものしく会見が始まりました。

ちょうどその前日、セブン&アイの取締役会では、傘下でコンビニエンスストア事業を手掛けるセブン-イレブン・ジャパンの井阪隆一《いさかりゅういち》社長(当時58歳)の退任を含む人事案が諮《はか》られていました。鈴木氏は退任を強く求めましたが、取締役会の承認を得られず、創業者である伊藤雅俊《いとうまさとし》名誉会長(当時91歳)からも反対され、井阪社長の続投が決まります。

この結果を受けて、鈴木氏は自ら会長職を辞し、経営から退くと発表しました。

当然ながら、記者会見では「なぜ、会長職を退くのか」(井阪社長の続投と、鈴木氏の退任は一見関係がないように思えますよね）、「創業家と鈴木氏との間に何があったのか」（鈴木氏は自分が思う人事を通せず、創業家にはしごを外されたような形になりました）の２点が焦点となり、質問が飛び交いました。業界のカリスマが突如「やめる」というのですから、大勢の報道陣が駆けつけて、その説明に注目が集まりました。

実際のところ、井阪社長体制のもとでセブン‐イレブン・ジャパンは大きく業績を伸ばしましたから、退任を要求するには、その実績を上回る「正当性」がなければいけません。しかし、会見で鈴木氏と重鎮たちが語っていたのは、井阪社長への感情的な不満、そして創業家が味方についてくれなかったことへの恨み言。具体的な根拠もあいまいですし、コーポレートガバナンス（企業の統治能力）も何もあったものではありません。

もちろん、日本でトップクラスの小売業を率いる方々ですから、手続きとしてのガバナンスはよく理解しておられるはずです。しかし、会見から伝わってきた印象は、巨大企業の将来を左右する後継者問題が、単なる「感情のもつれ」によって失敗しているのではないか？というものでした。

そして、次の世代が自分たちのやり方を通そうとしたとき、鈴木氏は退任という形で反対の意思を示し、重鎮の方々が当てつけのごとく会見を開いた。そこに至るまでに社内で起きた、子どもじみたドタバタ劇が目に見えるようでした。

還暦近い経営者の「もう大人」発言

この会見でもっとも衝撃的だったのは、当時81歳の後藤顧問が井阪社長のお父さまのところに行って、息子の社長続投を阻止するよう、進言したと話す場面です。

井阪社長のお父さまである井阪健一《いさかけんいち》氏は、野村證券の副社長をはじめ、さまざまな役職を歴任した財界でも有名な方。大物のパパに言いつければ、息子が大人しく食い下がるだろうと考えたのでしょうか。この話を聞いて、井阪社長は怒りをあらわにしたそうです。そりゃ当然でしょう。

会見で後藤顧問は、井阪社長が電話をかけてきたと話し、「大変ケンカ腰の電話でしたから驚きました。いまにして思えば、『お前酔ってるんじゃないよな』とひとこと、言えばよかった」と続けます。

うーん、これはすごい。

井阪社長は酔っていないから、ふつうの判断ができる状態だからこそ、怒っているのです。耐え切れなくなった井阪社長は、「自分ももう60歳間近で、自分のことは自分で決めます。父親はすでにもうろくしております」と言ったそうです。

おそらく、上の世代の方からすると、井阪社長は「危なっかしくて見ていられない半人前」なのでしょう。自分たち〝大人〟がついていないと、経営など任せられないと思っていたのかもしれません。

それに対して、還暦近い上場企業の社長が「自分はもう大人です」と主張しなければいけない事態。海外で英訳して読まれたら、笑われるか、首をすくめられて終わりでしょう。

稀代の経営者に対して、あまりにステレオタイプな表現で気が引けますが、私の頭には「老害」という言葉しか浮かびませんでした。

やはり私が懸念している通り、**日本の高齢化問題は「みんなの成長」を邪魔している**みたいです。

上の世代がいつまで経っても重要ポストに居座り、企業をはじめあらゆる場所で新陳代謝が起きにくくなっている。その結果、若い人たちが力を発揮する場所が一向に増えず、社会に新しい価値観が根付かない。時代が変化しつつあるのに、旧来型の発想から抜け出せず、成長の芽が摘まれてしまう――。

私はこの社会現象を**「GG資本主義」**と名付けました。

GGが、何かって……？　もうおわかりでしょう（笑）。

データで読み解く、GG資本主義

高齢者が経済の真ん中に居座り、牛耳り続ける「GG資本主義」。データをひも解くと、至る所にその影響力が見て取れます。

例えば、会社を動かすトップ。日本企業の社長の平均年齢は近年上がり続けていて、2017年時点で、59・5歳（注2）。調査を始めてから最も高い数字で、90年以降に比べて平均年齢は5歳も高くなっています。

さらに年齢構成（注3）を見ると、60歳以上が全体の約半数を占めています。日本における女性社長の割合はわずか7・69％（注4）ですから、日本の会社の半分近くが「還暦を過ぎた男性」によって動かされていることがわかります。

経済の主体は、会社だけではありません。われわれ個人が生活の中で行う「消費活動」も、大きなインパクトを与えます。会社とはつまるところ、モノ・サービスを提供して、顧客に買ってもらうことで成り立っている。消費者がお金を使わなければ、事業活動は回っていきません。

実は、消費で存在感を放っているのも、60歳以上です。結婚して家を構えたり、交際費に使ったりする働き盛りの人々が一番消費していそうですが、2015年の消費シェアに占め

注2　帝国データバンクの企業概要データベース「COSMOS2」から企業（個人、非営利、公益法人等除く）の社長データを抽出。約97万社を集計・分析した。2018年1月時点。
注3　注1の同データより。60代以上の社長は51・7％。
注4　帝国データバンク調べ。2017年4月時点。

る30~39歳の割合は、わずかに9・9%。40~49歳ですら、19・8%しかありません。29歳以下となると1・5%で、統計上の存在感はほとんどありません。
一方、60歳以上は47・8%にも上ります。世の中の消費の約半分が60歳以上によって行われているって、少し意外な結果ではないでしょうか。

調べていくと、それもそのはず、と思わせるデータがありました。各資産の保有者の割合を年代別に見ると、60歳以上の保有率が金融資産で68・8%、土地保有で56・4%という、非常に高い数値です。親の代からの財産を受け継いでいる方もいれば、長い間働いてこつこつ資産を形成してきたという方もいるでしょう。いずれにせよ、他の世代に比べて資産を保有している率が圧倒的に高いわけですから、安心してお金を使える人が多いことも頷けます。

データを見れば見るほど、「60歳以上」が経済に与えるインパクトの大きさに愕然とします。現在、消費社会の主人公であり、会社を動かすキーパーソンでもあるのは、明らかにGGたち。そこに、本来バリバリ働いて稼いでいるはずの30代、40代の姿は現れてきません。ましてや、20代の若者たちなど、「どこにいるの?」という感じがします。データの中で目を凝らして、ようやくわずかに20代の姿が発見できる。それくらい、経済活動における若者の存在感は非常に薄いものになっています。これからの未来をつくる主役は明らかに彼らのはずなのに。

私は何も、**高齢者の方々を悪く言うつもりはありません。問題は、GG資本主義という「構造」なのです。**GG資本主義によって成長が阻害されているという現状に不安を抱いているのであり、誰が経済を握ろうとも、みんながちゃんと成長できれば、それでいい。

しかし、そうなっていないからこそ、あえて言いづらいことを言い、警鐘を鳴らそうとしているのです。

若い社長に任せれば結果が出る

私はファンドマネージャーとして、約30年にわたって7000人近くの社長を取材してきました。貸借対照表や損益計算書、アニュアルレポートといった公開資料だけに頼らず、会社に足を運んで実態を見て、投資すべきかどうかを判断してきました。現在、私が社長を務める会社（レオス・キャピタルワークス）で扱っている「ひふみ投信」という金融商品（投資信託）でも、同じようにアナリスト、ファンドマネージャーたちが取材を繰り返し、慎重に組み込むべき銘柄を選んでいます。

そうやって日々、時間と労力をかけて「企業の成長」に向き合い、思考してきたからこそ、見えてきたことがあります。

ここに、重要なデータがあります。図1をご覧ください。上場企業を社長の年齢別にグループ分けして、3年間の株価のパフォーマンスと売上高の変化率を示したものです。ちなみに、社長の年齢は60代が最も多く1699社、次に多いのが50代で883社でした。

このデータを見ると、60代以上の社長の会社より、30代、40代の社長の会社は売上高の伸び率も、株価の上昇率も高いことがわかります。上場したばかりのベンチャーなど、会社自体も若く、急成長しているところが多いこともあるのでしょう。それに、社長の年齢が高い会社は規模が大きくなり、小規模な若い会社より成長のスピードが鈍化するのは仕方ないことかもしれません。

図１　社長の年齢と株価騰落率・売上高の伸び

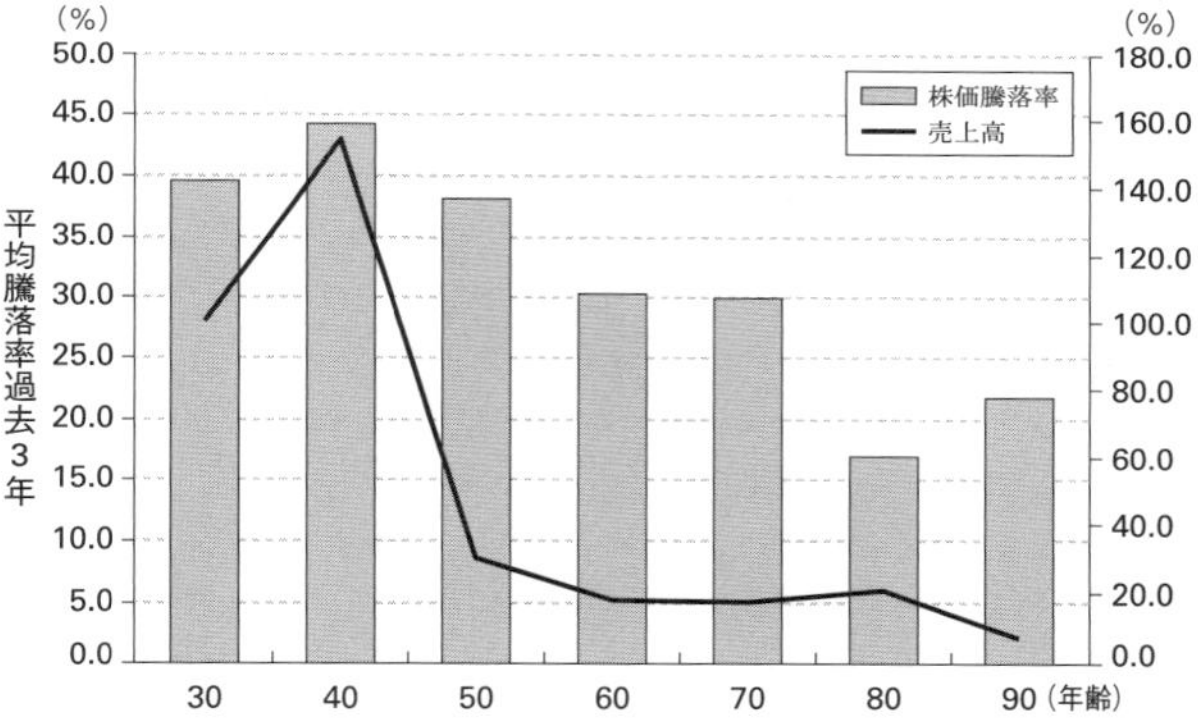

出典：大和証券協力、レオス・キャピタルワークス作成。株価騰落率は2016年末を基準とする過去３年間の上昇率、売上高伸び率は2016年末時点で公表されている直近本決算データを基準として計算。上場約3300社が対象。

とはいえ、ベンチャーではなく大企業であっても、トップが若返って業績が伸びることはよくあります。

例えば、百貨店大手の丸井グループは２００５年に青《あお》井《い》浩《ひろし》氏が44歳で社長に就任しました。33年の長きにわたって前線に立ち続けた前社長（現・会長）の青《あお》井《い》忠雄《ただお》氏の長男で、浩氏は３代目です。

着任するなり次々に事業の見直しに着手していきましたが、特に注目されたのが08年にスタートした「働くプロジェクト」。残業時間削減を社員主導で取り組んだもので、現在では日本で最も残業の少ない会社の一つといわれています。

また、女性活躍についての対策もかなり早かった。「働き方改革」「ダイバーシティ」という言葉が今ほど広まる前の話です。時代に先がけて人への投資に注力したことで、人の成長が企業の成長になるという好循環が生まれています。

掃除用メラミンスポンジ「激落ちくん」などの家庭用品を手がけるレックは、長年にわたり創業者である青木光男《あおきみつお》氏がカリスマ経営者として牽引《けんいん》してきた会社でしたが、2013年にその後を継ぎ、社長に就任したのが当時41歳だった永守貴樹《ながもりたかき》氏でした。

永守氏は、日本電産の創業者で日本を代表する経営者である永守重信《ながもりしげのぶ》氏の長男です。その血を引いていることもあるのか、レックはアグレッシブな経営で順調に業績を伸ばしています。

上場企業である以上、株価や業績面で結果を出さなくてはいけないのは当然のこと。このデータからもわかるように、**経営陣の若さはいまや一つの強み**です。一般的に若いほど時代の流れに乗りやすく柔軟な思考ができるということがあるのでしょう。社長を務めるのは60～70代くらいの経験豊富な人がよいというイメージを持つ方もいるかもしれませんが、実際は逆なのではないでしょうか。

企業のパフォーマンスを上げるためにも、**ＧＧが君臨する経営をやめて、権限と責任を一切合切まとめて若い世代に渡す**こと。これがいま、企業の成長、ひいては経済・社会の成長に欠かせないことではないでしょうか。

「オーナー・シップ」が欠如した日本企業

ＧＧ資本主義が生まれた背景には、やはり日本人特有の考え方があると思います。ひと言でいうと、**サラリーマン体質によって「オーナー・シップ（当事者意識）」が欠如している**ということです。

そもそも会社は、創業者が従業員や設備を使って自分がやりたいこと＝ビジョンを実現しようとして生まれます。会社は、社長のビジョンを形にするための〝装置〟であり、株主（創業家である場合も多い）が保有し、従業員が目的を達成するために働き、顧客満足を向上させて利益を上げる。かつてリンカーンが、民主主義政治を表して言った「人民の、人民による、人民のための政治」に倣《なら》い、「株主の、従業員による、顧客のための会社」というとわかりやすいでしょう。

創業者がいなくなったら、会社はいったん役割を終えます。しかし、そこに残されたビジョンとヒト・モノ・カネの資産が有益なものである場合、承継者が現れてビジネスを引き継いでいきます。

その際、欧米社会では、株主が承継者に対して「オーナー・シップ」を促し、経営を任せます。創業者の代理人として「しっかりやれよ」と、承継者に権限を与えるわけです。

ストック・オプション（自社株をあらかじめ決められた価格で購入する権利）をはじめとする株式報酬が典型で、業績を上げれば莫大な利益を得ることができる代わりに、失敗したら容赦なく交代させられる。このような緊張感を与えることで、承継者が自分ごととしてビジネスを捉え、業績を伸ばそうと必死になる動機付けを行っているのです。ですから重要な局面で決断をするのも、承継者である社長。リーダーシップは「個人」に委ねられています。

一方、日本でもカリスマ創業者が生きているうちは「個人」がリーダーシップを発揮しますが、事業承継後のリーダーシップは役員複数名の「合議制」によって発揮されることが多い。創業者（オーナー）がいなくなってサラリーマンたちに経営権が移されると、とたんに会社に「オーナー・シップ」がなくなってしまうのです。創業者のビジョンをみんなで大切にしますが、決定権が分散されているので、責任の所在がはっきりしません。

社長の給与の決め方も日本は独特で、役員報酬の総額を業績や世間相場を見ながら株主総会で決定し、その後の取締役会で、個々の報酬額を決めるというのが一般的です。ざっくり決めた金額の中から、自分たちで取り分を決めるわけですから、社長が飛びぬけて高い額を受け取りづらく、結果、他の役員と社長の給与に差が付きにくくなります。

もちろん、業績を大きく下げてしまった社長は辞任や降格で責任を取りますから、ある程度の緊張感はあるでしょう。しかし、企業を大きく成長させたからといって、日本の雇われサラリーマン社長の多くは、欧米の社長ほど多額の成功報酬を得られません。守りに走る理由はあっても、積極的に企業を成長させる策を取る動機付けが薄いのです。

しかも、日本は累進課税の率が高いので、社長に就任して突然報酬が上がると、多額の税金を納めなくてはいけません。そうならないよう、経営陣を含め、何年もかけて少しずつ報酬を上げていく給与体系になっている会社が多い。

こうした制度によって、社長になるのがゴールで、あとは失敗しないように任期満了まで管理監督をしっかり行う――。「最高経営責任者」ではなく、本当は「最高管理人」と名刺の肩書を変えるべきというような社長が、日本には多いように見受けられます。

日本企業でサラリーマンとして出世を重ね、還暦を過ぎて「最高管理人」になった経営者が、企業にダイナミックな成長を起こせないのは、前述のデータで見た通りです。本来は業績を見て、結果を出せないトップはすぐ変えるという処置を取るべきですが、「合議制」で気を遣い合っていては、なかなか思い切った決定ができません。問題は、ここに「コーポレートガバナンス（企業の統治能力）」が働いていないことなのですが、それについては追って詳しくお話ししましょう。

「失われた20年」の犯人は大企業とメディア

日本社会に根付くGG資本主義の実態が段々見えてきました。これらは構造的な問題だから、くつがえすのは難しいと思いますか？

私の意見は逆です。むしろ意外と簡単に、解決できるのではないかと考えます。ただし、そのために絶対に必要なことがあります。それは、「発想の転換」です。

どんなテーマでもそうですが、大事なのは客観的事実に基づいて、現状を正しく理解すること。そうやって課題を整理していくことで、「どうせ変わらない」「無理」と考えていたことが、単なる〝思い込み〟でしかなく、「変えられる」という確信を得られるようになっていく。

私たちはここまですでに、**「若い人に会社を任せればうまくいく」**というシンプルな事実を見つけています。他にも、思い込みを外して考えていくことで、ＧＧ資本主義に巻き込まれず、成長するための希望の芽はたくさんあるはずです。

例えば、「日本経済は元気がない」という常套《じょうとう》句《く》があります。私は企業の成長に投資する

図２　「失われた20年」の後半の上昇・下落銘柄の内訳

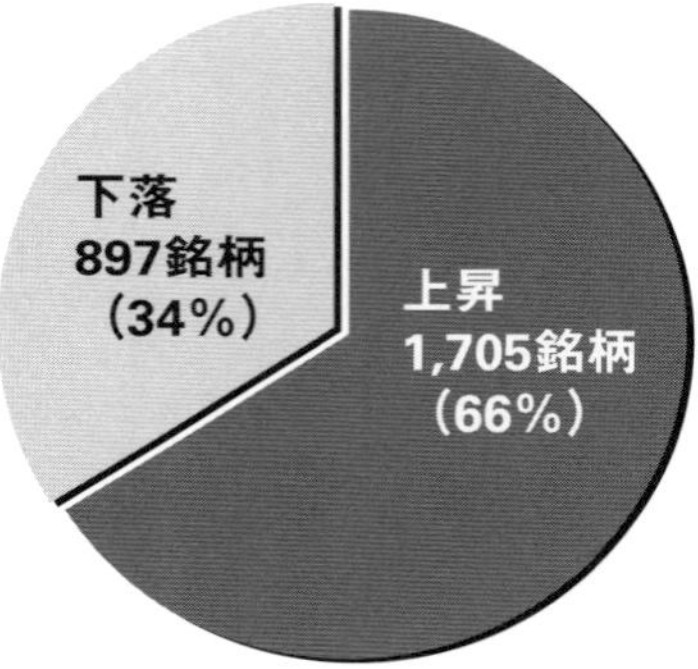

出典：大和証券のデータをもとにレオス・キャピタルワークス作成
2002年12月から2012年12月の間継続して上場（全市場〈金融除く〉）していた2602社が対象。期間中の新規上場、上場廃止企業は除く。

ファンドマネージャーですから、業績が上がらない会社ばかりだと、商売あがったりです。

じゃあ「失われた20年」と呼ばれるデフレ時代に、投資先を見つけるのに苦労したかというと、そんなことはありませんでした。

２００２年から10年間で調べてみました。１９９０年代のバブル崩壊から、アベノミクスが始まる２０１０年代初頭までの「失われた20年」のちょうど後半に当たる時期ですね。

この間に、上場企業のうち何割の会社の株価が上がったと思いますか？　よくセミナーなどで私が会場の人たちに尋ねてみるのですが、50％を超える答えを出す人はほとんどいません。30％と答える人も、「ちょっと強気

図3　「失われた20年」の後半の株価指数推移

出典：Bloombergのデータをもとにレオス・キャピタルワークス作成
期間：2002年12月末〜2012年12月末
2002年12月末を100としてTOPIX（配当込み）、TOPIX Core30（配当込み）、東証2部指数（配当込み）を指数化。

だろうか」と言ったりします。しかし実際は、なんと**70%に当たる、1705社もの株価が上がっています**（図2）。

株価を上げた1705社は平均して売上高と営業利益、さらに従業員の数がそれぞれ10年間で倍に伸びて、株価も倍になっています。年率平均約7%の勢いで成長しているのです。これだけ見ると、ちょっと「失われた」とは言えなくなりますね。

さらに、このアベノミクス前の同じ10年間の株価を市場別に、見てみましょう（図3）。**東証2部上場企業の平均はプラス67%でした。**中堅中小企業はなかなか悪くないですね。

ところが、日本を代表する銘柄群はどうでしょうか。「TOPIX Core30」は東証第1部上場銘柄のうち、時価総額・流動性が特に高い30社で構成される、日本を代表する大型株群です。しかし、**同じ時期の「TOPIX Core30」のパフォーマンスを見てみると、なんとマイナス24%**なのです。

つまり、意外なことに**90年代以降、業績を上げられず景気の足を引っ張ってきたのは、大企業**なのです。ジャスダックや東証2部に上場しているようなベンチャーや中堅・中小企業の多くが、デフレ経済下でもしっかりと結果を出し、株価を上げています。そういう会社を探していけば、優良企業はたくさん見つかりました。そのため、私はファンドマネージャーとして、世間が不景気だと騒いでいたころにも、投資先に困ることはありませんでした。

それにしてもなぜ、この事実に気付かず、「失われた20年」という言葉を使って、どの企業も成長していないようなイメージでひとくくりにしてしまうのでしょうか。

それは、ひとつには**業績を報じるメディアと、情報を受け取る側の両方が、大企業にばか**

り注目しているからでしょう。大企業が赤字決算だと、メディアは大きく取り上げます。世の中の人々も、「大企業ですら調子が悪いのだから、中堅・中小企業はなおさら大変だろう」というトーンで受け取ります。

大学生の就職希望ランキングを見ても、成長率や業績とは関係なく、いまだに大企業がずらりと上位に並びます。大企業が上で、その下に中堅・中小企業がある。そんな色眼鏡で見ているから、「失われた20年」を間違えて捉えてしまうのです。

団塊の世代が残した功罪

いま、GG資本主義の中心にいるのは主に団塊の世代です。戦後（1947～1949年）生まれで、高度成長期に青春時代を過ごし、イケイケドンドンの波に乗って会社を大きくしてきた人たち。

彼ら・彼女らは、環境としては非常に恵まれています。戦争が終わって、お父さん、お母さんがようやく日常生活を営めるようになり、第1次ベビーブームが起きました。焼け野原から立ち上がった大人たちがインフラを整え、朝鮮戦争などの特需景気で経済が力強さを取り戻した後、団塊世代という若い労働力が大量に市場に投入されます。その結果、1969

年にはアメリカに続く世界第2位の経済大国となり、安くて質がいいメイド・イン・ジャパンが世界中に広まったのです（近年、メイド・イン・チャイナが世界を席巻《せっけん》したのと同じ現象が、当時起きていたのですね）。

もちろん、日本で高度成長が起きたのは運が良かっただけではありません。安さを支えたのは労働力ですが、質の良さを支えたのは、会社の中で行われた絶え間ない研究・開発やカイゼンの積み重ね。経済が豊かになり、「今日より明日はもっと良くなる」という明るい空気の中、団塊世代の方々が若い力でもって、必死に前に進んでいった結果です。

ジャパン・アズ・ナンバーワン。そんな言葉を冠した本が売れるほど、日本の高度経済成長は世界から注目されました。しかし、高騰しすぎた不動産価格や株価が下がり始め、バブル崩壊が起きます。その後、アベノミクスに至るまでの「失われた20年」で、前述したように大企業が軒並み業績を下げ、日本経済の成長を阻害しました。

このとき、こつこつと業績を上げていた中堅企業や、若者が起こした新興ベンチャーが注目され、評価されたとはとても思えません。1999年から2000年にかけて、アメリカに続いて日本でもインターネット・バブルが起き、ベンチャーブームとなりましたが、ほんの短期間のことでした。「デフレ下でどの会社も成長していない」というメディアによるイメージが先行し、大企業が苦しむのも「仕方がない」という文脈で語られました。

結果として、私たちは代替わりのチャンスを一度逃しました。**高度成長期を若い団塊の世代が引っ張ったように、バブル崩壊以降の新しい時代を次の世代が、そして現代はその次の世代が担っていくべきなのに、経済の主体が入れ替わらなかった。**それがＧＧ資本主義です。

ＧＧ経営者たちがブラックホールとドラキュラに

私は、これまで数多くの企業を取材して回ってきた中で、優れた経営者は大きく分けて2種類のタイプがいるなと気が付きました。

「価値創造型」と**「荘園領主型」**です。

前者はカリスマ経営者といわれる人たちで、組織のトップとして太陽のようにきらきら輝き、周囲の人を引き付ける。自身のアイデアを示して従業員がついていく形で、業績を伸ばします。後者は従業員や取引先などのステイクホルダーから広く薄く、利益をすくい上げることで業績を上げるタイプです。

どちらのタイプも、若くて判断力があり、時代の趨勢《すうせい》を読んで自分も成長しているときは、経営者として結果を残します。問題なのは、長くトップを務め過ぎて「GG経営者」となり、劣化が始まったとき。

よくよく見ていると、「価値創造型」の経営者は劣化すると大体が「**ブラックホール型**」になってしまうようです。時代の変化についていけなくなった途端、カリスマとしての影響力を持て余し、迷走するのです。周囲の意見より自分の考えを優先するうえ、発言に重みがあるので、部下たちが振り回されてしまう。企業が成長しているときはみんな明るいですが、結果が出なくなるとストレスや疲弊が蓄積し、優秀な人ほどギャップに戸惑うようになる。段々、部下が闇に吸い込まれるようにやる気を失い、若い力が無力化していく。それがブラックホール型です。

一方、「荘園領主型」は劣化すると**「ドラキュラ型」**になりやすい。業績を上げるために、従業員や取引先からほどよく得ていた利益を、ぎりぎりまで搾り取ろうとし始めます。低賃金で長時間働かされる従業員が増え、下請けとの取引価格を買いたたくようになり、いわゆるブラック企業が誕生するのです。こうした会社の問題点は、自社だけでなく、相手もドラキュラに変えてしまうところ。自分の身を守ることばかり考える従業員を生み、下請けはさらに下請けを買いたたくことで、生き延びようとする。こういう体質が組織や関係者の間に蔓延《まんえん》していきます。

どちらも、会社組織にとっていいことなんて一つもありません。若い力をつぶしてしまうという意味で、社会的な損失も大きい。ＧＧ経営者のブラックホール化もドラキュラ化も、周囲は許してはいけません。そのようなトップが居座り続けるなんて、絶対に避けるべき事態です。

団塊世代の経営トップの方々は、ベビーブームで人口が多い同世代との競争を勝ち抜いて出世したのですから、相当の能力とバイタリティーをお持ちだと思います。日本が世界に名だたる経済大国になれたのも、その方々が高度成長期に必死に働いてくれたおかげです。その「功」の部分に深く感謝しつつ、現状発生している「罪」の部分からも目をそらしてはいけません。

輸出型大企業が日本経済の成長を牽引した時代は、終わっています。高度成長期のような外的なプラス要因はいまの日本にはなく、成長産業もガラリと変化しています。いつまでも高度成長の成功体験を引きずって、大企業バンザイ！ と言っていたって、人も企業も社会も、退化していくだけです。

さて、みなさん。冒頭でお話しした私の先輩・斉藤惇さんのエピソードを思い出してください。彼は言いました。

「高齢化社会では、待っていても順番は回ってこない。だから、チャンスがあれば主導権を奪取しなさい」

私がこの本で伝えたいのは、「いまこそがチャンスだ」ということです。第２次安倍政権の発足以来、「さすがにこのままではヤバイ」と危機意識を持った政府によって、未来に向けての変革が始まっています。いま、日本政府は企業の成長を阻害するさまざまな要因に正面から向き合おうとしていて、その中でＧＧ資本主義にもメスが入れられようとしている。

これは、大きな希望です。

第2章 今度こそまっとうな「投資」は生まれるか

「不都合な真実」を突き付けたレポート

２０１２年に発足した第２次安倍内閣が進めていた経済政策、「アベノミクス」。デフレ脱却を目指して大胆な金融緩和を続けたり、必要な公共事業に財政出動をしたり、さまざまな景気対策が行われてきました。

実はその中の「成長戦略」の一環として、安倍政権は会社経営のあり方にも大きく切り込んでいます。これがＧＧ資本主義からの脱却の一つのきっかけになるかもしれません。少し経緯を詳しく振り返ってみましょう。

その戦略とは、つまりは企業が正しく成長するための環境づくりでした。ＧＧ資本主義にどっぷり浸かって、低成長またはマイナス成長を長い間続けてきたような会社に、「もう放っておかないよ」という強いメッセージを発信したのです。

私は、この動きをワクワクしながら見守っていました。政府がかなり本気で古い価値観を否定し、未来の「みんなの成長」を促そうとしているからです。

変革の肝は何か。それは、**「株主の、従業員による、顧客のための会社」という基本を取**

り戻すことです。企業のビジョンを達成するために従業員が一体となって働き、生まれたモノ・サービスの価値に対して、顧客が喜んでお金を払う。そこから得た利益の一部が、会社のオーナーである株主に還元されて、事業が続いていく。これが事業の基本です。

逆に考えると、利益を上げられないということは、顧客に提供するモノ・サービスが喜ばれていないということです。そのうえ、リスクをとって事業の未来を信じ、応援してくれる株主の期待にも応えていない。上場企業がマイナス成長を続けるなど、本来あってはならないことです。しかし、それがデフレ経済の名のもとでゆがめられ、長い間放置されてきました。

そして２０１４年夏、このような日本の「不都合な真実」を公にし、警鐘を鳴らす文書が提出されました。経済産業省のプロジェクト「持続的成長への競争力とインセンティブ～企業と投資家の望ましい関係構築～」の最終報告書です。一般的には、座長であった一橋大学大学院の伊藤邦雄《いとうくにお》教授の名前をとって、**「伊藤レポート」**と呼ばれています。

「伊藤レポート」は、さまざまなデータ・客観的事実を基に、現状を暴露していきました。

図4　代表的な株価指数の累積リターン（国別比較）

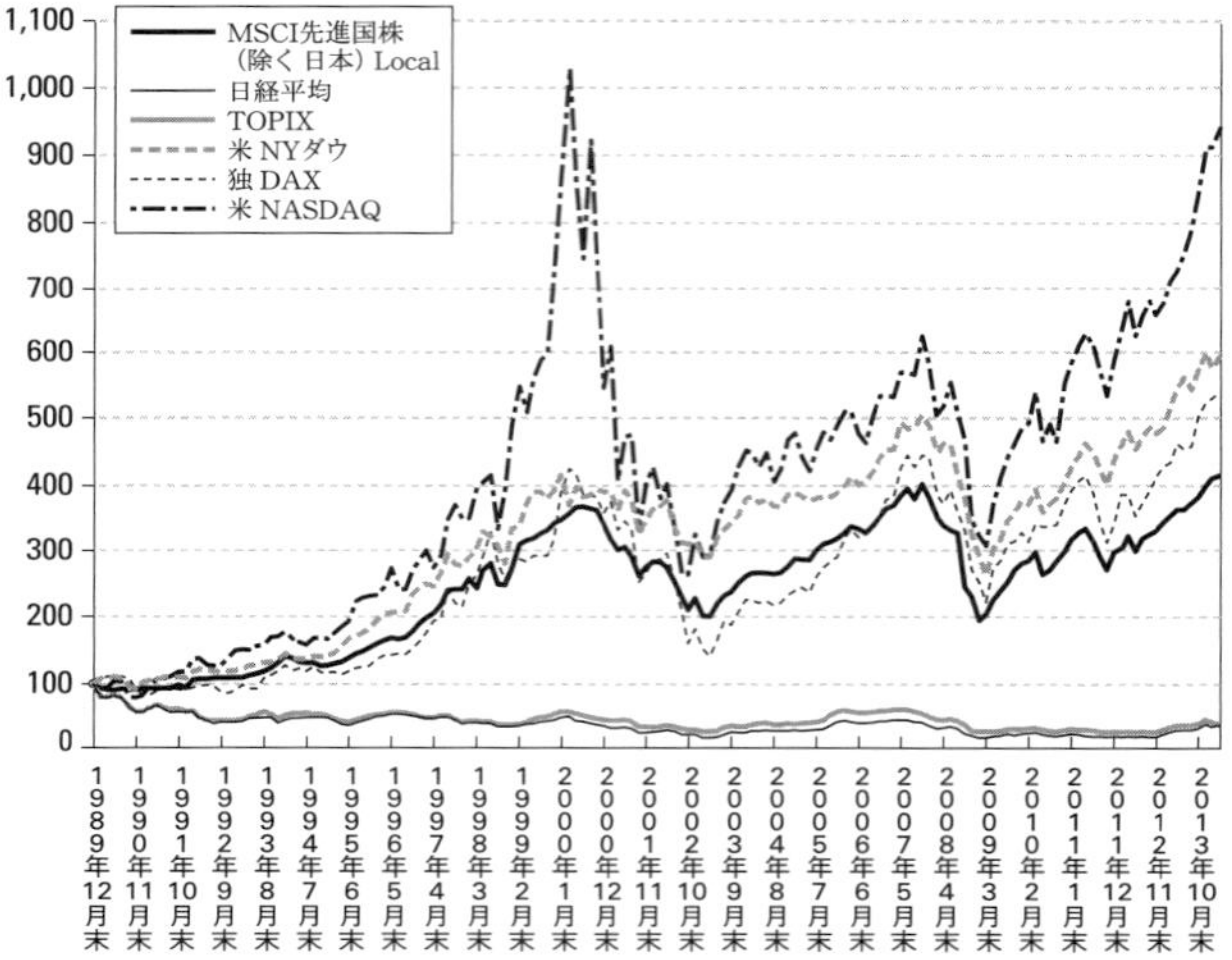

※1989年12月末を100とし指数化

出典：「持続的成長への競争力とインセンティブ～企業と投資家の望ましい関係構築～」プロジェクト（伊藤レポート）最終報告書より作成

なかでもこのデータは、かなり衝撃的です。

先進国の平均株価水準を比較したのが上の図です。それぞれの国の株価は上げ下げしながらも、長期的には成長している。しかし一つだけ、過去25年間、地を這うように一向に上がらないグラフがあったのです。

それは**日経平均株価**と**TOPIX（東証株価指数）**。私たちの国の株価指標です。ちょっと情けないと思いませんか。

このままではまずい。もちろん、海外の投資家は日本企業の株価が全然上がらないことくらい、気が付いていました。いくら日本の技術が優れていて、長期的に研究開発をするのが強みだといったって、25年間待っても株価が上がらない企業に投資する人はいません。「ジャパン・パッシング（日本を素通り）」という言葉を聞いたことがあるかもしれませんが、海外の投資家にとって、日本の存在感はどんどん薄れていきました。

国内で少子高齢化が進んでただでさえ投資パワーが減少していくのに、海外の投資家にまで敬遠されたら、本当にヤバイことになる。

このような事態を招いた背景を、「伊藤レポート」はこう分析しています。

日本は世界でも高水準のイノベーティブな国なのに、バブル崩壊後、日本企業は長きにわたって低収益なままである。原因の一つは、日本企業が「外」（投資家）と「内」（経営陣や従業員）で目標を使い分けてきたことにある。株主には高い目標を掲げておきながら、従業員には「現実的」な目標を見せて、任期が終わるまでなだめすかす。さらに、多くの大企業で、経営成績にかかわらず社長の在任期間が「暗黙の慣行」で４～６年と決まっている。よって、長期的に企業を成長させたかを問われる前に、社長が交代してしまう――。

つまり、第1章でも見てきたように、「最高管理人」としての職務をまっとうしてはいるけれど、株主の期待に応える努力をしていない経営者がたくさんいるということを指摘していたわけです。日経平均株価が地を這うような動きをしていたのは、デフレのせいでも何でもない。このような、上場企業の怠慢を許す構造がまかり通っていたからだと、よく理解できます。いやはや、まるで鋭い刃物のような文書です。

「伊藤レポート」は、その解決策として、「**上場企業は企業価値向上のために、株主と健全な緊張感を持った対話をすべきだ**」と提案をしています。その際、企業価値を測る指標として、「ROE（**自己資本利益率。企業の収益性を分析する指標の一つ**）**8%**」という具体的な数字を設定しました。これはインパクトがありました。ROE8%に満たない会社は、「自分たちのことだ」と名指しされているようなものですから。

レポートに出てくる、とても印象的なひとことを書き写しましょう。

「私たちは今こそ、持続的成長の障害となっているレガシーや慣習と勇気を持って決別し、新陳代謝を図っていく必要がある」

GG資本主義による停滞が、ここではっきりと認識されているのです。

コーポレートガバナンスの時代がやってきた

「伊藤レポート」の提案を受けて、2015年6月、政府は「**コーポレートガバナンス・コード**」を制定しました。2014年に制定された「**スチュワードシップ・コード**」とあわせて、上場企業と株主の対話を促す制度が急ピッチで整えられたことになります。日本政府が法制度を整えるとき、通常はもっと時間がかかるのですが、この2つの制度はあっという間に整備されました。このスピード感が、安倍政権の〝本気度〟を物語っていたと思います。

イギリスから考え方を輸入した制度なので、言葉がちょっと難しいですが、ガマンしてください。「コーポレートガバナンス・コード」とは、投資をされる側、つまり上場企業に対して示された行動規範。「スチュワードシップ・コード」は逆の立場、投資を行う側（われわれのような機関投資家）に対して示された行動規範のこと。行動規範とは、お手本ということですね。

いずれも強制力はないですが、お手本通りに行動しない場合には、その理由を明確に説明するよう求めているので、上場企業に与えるインパクトは大きいものでした。

これらの制度で政府が示しているのは、「株主の、従業員による、顧客のための会社」がきちんと運営され、成果を上げているかを、経営陣と株主でしっかりと対話をしながら見張っていきましょうね、ということです。

そのための具体的な手段として、会社側には適切な情報開示や、社外取締役の有効活用などを求めています。

機関投資家には、投資先企業の状況を把握し、顧客・受益者に報告することなどを求め、利益にならない企業側の行動に対して「モノ言う株主」になること、それに企業が応える形で、緊張感のある対話を行ってガバナンスを利かせていくことを、促しています。緊張感のある対話とは、ズバリ、株主が経営者としてふさわしいのかを判断して、ダメならより良い人に変えていく、ということも含まれています。

第1章で紹介したセブン＆アイのお家騒動には、実は背景にサード・ポイントという「モノ言う株主」の存在が見え隠れしていました。しかも、同社の社外取締役には、「伊藤レポート」を取りまとめた当の伊藤教授が名を連ねています。彼らが鈴木氏の提案にしっかりと「ノー」を突き付けたことが、結果的に会長退任につながった。GG資本主義を象徴するあの騒動は、実はアベノミクスが目指す「変革」の象徴でもあったのです。

日本企業において、社長人事は密室で決まり、株主や従業員がそれを唯々諾々と受け入れるのがこれまでの常識でした。しかし、今後は社外取締役や株主によって、密室の扉を開けられ、役員人事に波風が立つようになるでしょう。

私は、波風が立つのは「良いこと」だと考えています。株主も巻き込んで大いに議論し、適切な人を経営陣として選ぶ時代が、ようやくやってきました。事なかれ主義は、もうたくさん。そういう意味では、セブン＆アイのような人事のゴタゴタは、むしろ前向きな騒動だった、と思うのです。

他にも、コーポレートガバナンス・コードとスチュワードシップ・コードの制定による変化は、随所に見られます。

工作機械と産業用ロボットの開発・製造で高い技術力を持つ、ファナックという会社が山梨県にあります。アップルをはじめとするスマートフォンのメーカーや、テスラモーターズなどの自動車メーカーに機械を納めていて、投資家からの関心も高い優良企業です。

一方で、ファナックはＩＲ活動に消極的なことでも有名でした。富士山麓にある巨大な敷地には取材記者はほとんど入れず、投資家への説明会もなかなか開かれない。業績はいいが、何を考えているのかよくわからない、コミュニケーションの取りづらい会社。

そんな風に思われていたファナックが、スチュワードシップ・コードの制定を受けてＳＲ(Shareholder Relations) 部を設置しました。２０１５年3月期決算では、株主との対話を通じて「グループの配当性向を30％から60％に引き上げる」「5年間の平均で、配当と自社株買いを合わせて利益の最大80％を株主に回す」と決め、投資家説明会で発表したのです。

外に開かれた会社になろうと変化し始めたファナックを、当時の株式市場は驚きつつ、歓迎しました。株価が上がり、好意的な報道も多くなされました。

こうした一連の取り組みは、一過性のブームではなく、経済産業省がしっかり旗振り役となり、現在も継続して具体的な議論が交わされています。これはとても頼もしい流れですし、国の本気を感じています。

ＧＧ資本主義の問題点を認識し、それに立ち向かおうとしている仲間は、ここにきて確実に増えてきているのです。

企業がどうしたら持続的に「稼ぐ力」を獲得することができるのか。そのためには、経営理念やビジネスモデル、戦略、ガバナンスなどといった、数字に表れない無形資産や関係性、文化などを含めた情報が重要になってきます。それらを投資家に統合的に情報開示を行い、対話を通じて信任を得ていかなければなりません。

２０１７年にはその指針として「価値協創ガイダンス」がつくられました。これに沿って、企業と投資家の具体的な開示・対話事例を紹介し、分析する機会も活発に持たれています。

私自身も投資家の立場として、その場に立ち会うことも多いのですが、実際にとても本質的な議論が交わされていることを確認できています。

また、東京証券取引所は２０１８年の1月から「コーポレート・ガバナンス報告書」で「顧問や相談役の詳細を記す欄」を新たに加えました。これも象徴的な出来事です。顧問、相談役の氏名や経歴、常勤・非常勤といった勤務形態、報酬などの開示を促したもので、現時点では義務ではないものの、自主的に開示する企業が相次いでいるようです。

経済産業省が上場企業に行った調査によると２０１６年9月までの時点で、ほぼ6割が顧問・相談役を置いているということがわかっています。会社法に定めのない日本特有の制度で、取締役とは異なり、顧問・相談役は株主に選任されるわけではありません。権限や責任が曖昧になりやすい点については、海外投資家を中心にこれまでも指摘されてきていました。

特に問題視されるようになったきっかけが、２０１５年の東芝の不正会計事件です。まさにGG資本主義が引き起こした問題としては最たるものですね。上役に逆らえない企業風土があり、社長を経験した相談役などが経営の実権を握っていた、いわゆる「院政」状態になっていたとみられています。同社は問題発覚後、顧問・相談役制度を廃止しました。

直近では、パナソニックやJT、富士通など多くの大企業が続々と顧問・相談役制度の廃止を発表しています。もちろん私自身、純粋なアドバイスやノウハウの継承など、うまく活用している企業があることも知っています。ただ、これまであまりにもブラックボックスだったことが一番の問題なのです。これを機に少しずつコーポレートガバナンスが改善に向かってことに期待しています。

金融業界に現れた異端児、森長官

コーポレートガバナンス・コードとスチュワードシップ・コード。加えて「**フィデューシャリー・デューティー**」もこれからの日本経済の成長を長期的に支えるキーワードになります。また難しい英語が出てきたか、と敬遠してしまうかもしれませんが、ぜひ覚えてください。これは日本が将来、GG資本主義を倒すことができるのか、という意味において、すごく大事な言葉だからです。

フィデューシャリー・デューティーは、日本語で「受託者責任」と訳されます。ここでいう受託者とは、お客さまからお金を預かって運用するプロのこと。これまでは主に、年金基金の運用を資産運用会社などが受託して行う際に、「大事な年金を預かっているのだから、きちんと利益にかなう運用をするように」と責任をもたせる意味で使われていました。イギリスやアメリカでは、医師や弁護士などに対しても使われます。

要するに、プロとして仕事を受託したのだから、顧客の利益を最大限守れるように、責任をもって努力しなさい、という職業意識のあり方を説いているのです。

２０１５年ごろから、金融庁がこの言葉を銀行や証券会社、保険会社などの金融機関に対して使うようになったのです。２０１５年9月に出された「金融行政方針」には、真に顧客のために行動しているかを検証しつつ「フィデューシャリー・デューティーの徹底を図る」とはっきり書かれています。この方針が決まってから、金融庁の人たちは事あるごとに「これからはフィデューシャリー・デューティーの時代だ」と言うようになりました。

正直言って、このとき、私はかなり驚きました。うれしい驚きです。ファンドマネージャーとして30年近く業界に身を置いてきて、こんな日が来るとは思ってもみませんでした。大げさですって？　いえいえ、私だけじゃなく、業界全体が仰天しています。朝起きたら長い間続いた江戸時代が終わって、薩長に政権が移っていた。それくらいガラッと、業界の価値観が変わったように思いました。まあ、ひどい話ではありますが、バブル崩壊後の金融機関は顧客が得るはずの利益をかすめ取って暗黒時代を生き残ってきたようなものです。自分たちの身を守ろうとするあまり、フィデューシャリー・デューティーが説く顧客主義の職業観からは程遠い状態が続いてきてしまっていました。

横並び主義、前例主義の強い日本社会。それも金融庁という官僚の世界で、このような改革を中から起こすのは簡単ではありません。いまこうした動きがあるのは、一人の強烈なリーダーの存在があるからです。

金融庁長官・森信親《もりのぶちか》。革命児にして、異端児。名だたる民間企業の社長をもってしても、この方ほどまっとうで、同時にぶっ飛んだことをできるリーダーはいないと、私は思っています。

銀行をはじめ、証券会社、保険会社など金融業界の管理・監督権限を一手に担う、金融庁。

金融機関の経営が健全に行われるための「番人」のような存在です。

お金は、「経済にとっての血液」といわれるくらい大事なもの。人間が生きていくためには、体中に酸素を運ぶ血液が絶対に必要ですが、同様に、経済が回っていくために、事業活動と人々の媒介となるお金は、なくてはならない。その血液＝お金を、体＝経済に送り込むポンプ、心臓の働きをするのが、金融機関です。

その金融機関の「番人」である金融庁は、経済にしっかりお金が回ることを通して、最終的にはわれわれ預金者や投資家、保険契約者たちの資産が損なわれないよう、保護する役割をもっています。

実際、バブル崩壊後の混乱期に、金融庁の管理・監督責任は大きな役割を担いました。金融機関が不動産などへのずさんな融資を膨らませた結果、不良債権（回収できない債権）問題に苦しみ、次々と破綻するのを見て、国が介入せざるを得なくなったのです。

危機を乗り切るため、金融庁は銀行に対して回収見込みのない貸し出しを減らしたり、不良債権をいち早くあぶり出して対応したりするための厳しいチェック体制を設けました。当時は必要なことだったのですが、問題は、金融危機が落ち着いた後も、この管理体制をやめなかったことです。

ですが、厳しい番人ににらまれ続けたことで、銀行はどんどん萎縮してしまいました。チェックに対して万全の体制をとり、怒られないようにし、結果としてリスクをとらなくなる。少しでもリスクがありそうなベンチャーや中堅中小企業への融資を抑え、大企業や一部の超優良な中小企業にだけは競うように低金利を提示する。そんな構造が生まれたのは、極めて日本的な流れです。

しかし、この構造、どこかで見たことがありませんか？　大企業ばかりに目を向け、ベンチャーや中堅中小企業が置き去りにされる社会。そう、ＧＧ資本主義とそっくりです。そして大企業がわかりやすく優遇された結果、どうなったか。待っていたのは、「失われた20年」と呼ばれる長いデフレでした。

第1章で取り上げたように、ＧＧ資本主義は長いデフレの陰でがんばっていたベンチャー、中堅中小企業、そして若者たちの台頭を阻み、成長できない社会をつくりました。

金融の世界でもまったく同じことが起きていたということです。経済を潤すポンプであるはずの銀行が、いつまでもバブル崩壊のショックを引きずり、成長産業にお金が流れにくい状態が続いていました。番人である金融庁も、その状態を放置して、むしろ助長してきた。そこに救世主のごとく、突如として現れたのが、森長官でした。

「フィデューシャリー・デューティー」に込められた決意

2015年7月に森氏が金融庁長官に就任して以来、「金融行政方針」や公の場での発言を通して、現在の金融行政を抜本的に転換する姿勢を強烈に打ち出しています。もともと改革派のエリートで、ニューヨークでの勤務が長く、日本の現状と問題点を客観的に見ることができる方です。森長官は、フィデューシャリー・デューティーを通して何をやろうとしているのでしょうか。

それは、**金融業界に顧客目線を取り戻すこと**。そして金融機関と企業がWin-Winの関係を築き、共に成長を目指すことです。中長期的に考えると、それが日本経済にとって最も正しい成長戦略だと言っているのです。

当たり前すぎて、なんだかきれいごとに聞こえるかもしれません。でも、考えてみてください。あなたが働いている勤務先は、どれくらい「お客さまのため」を実践していますか。もし自信をもって頷けるのであれば、あなたはとても恵まれています。多くの会社が、「お客さまのため」と言いながら、実際は目先の利益や自分たちの都合で動いてしまいがちです。組織が巨大化し、オーナーシップがなくなってくるほど、その傾向は強くなります。

実際に金融業界がいかに顧客目線とは程遠いビジネスをしてきたのか。どういった状況に森長官は改革の必要性を感じたのか。それを典型的に表す、近年よく見られていた銀行員の販売方法を再現してみましょう。

あるメガバンクの虎ノ門支店に預金口座があるAさんが定年退職したとします。Aさんは大手メーカーに勤めていて、退職金として銀行に3000万円が振り込まれました。

それを知った支店長は、入社2年目のBさんを伴ってAさん宅を訪問します。そして開口一番、Aさんを厚くねぎらいます。

「これまで長い間、日本経済のためにご尽力され、本当にお疲れさまでした。これからはわれわれが総力を挙げてAさんの資産運用をサポートします」

メガバンクの支店長がわざわざ足を運び、あいさつに来たとあって、Aさんは鼻高々です。大企業の勤め人であるほど、定年後に自信をなくしてしまう方が多い。そんな状態であればなおさら、家族にも自分自身に対しても、自尊心をくすぐられることでしょう。支店長はすかさず、Bさんを紹介します。

「ついては、まだ若いですがBを担当につけますので、よろしくお願いします」

そう言われてAさんはBさんの存在に気付き、2人を歓待する。これが第一フェーズです。

その後、Bさんはアポイントをとって足しげくAさん宅に通い、会社員時代の思い出話(という名の自慢話)を愛想よく聞き続けます。そうやって信頼関係が築けたころに、Aさんはふと尋ねます。

「ところでBさん、仕事しなくていいの? あなたはとてもいい人だけど、商売がへただね」

ここからが第二フェーズ。Bさんの営業が始まります。

「はい、Ａさんのお話が面白くてつい聞き入ってしまいました」

「だめだなあ。どんな商品があるのか、ちょっと見せてみなさい」

「例えば、毎月分配型投信という商品があります。１００万円を投資していただいたら、毎月１万円ずつ分配金がお客さまに入ってきます」

「えっ。毎月１万円ってことは、年間12万円。利回りが12％なんて、すごいじゃないか」

「もし運用成績がマイナスになった場合は、元本から分配金を支払います」

「ともかく毎月、確実に１万円が入ってくるんだよね？　すごくいい商品だなあ。で、いくら投資すればいいの？」

「まずはお客さまのリスク資産が……」

「難しいことはいいからさ、１００万円で足りる？」

「では、１００万円でお願いします。これが説明書でして……」

「こんな分厚い約款、老眼なんだから読めないよ。いいよ、あなたを信用するからさ。ここにハンコ押せばいいの？」

「はい。ありがとうございます」

高齢者を対象にしたこのような販売は、銀行や証券会社の営業現場で日常的に行われていることでした。まず支店長が出て行くことでプライドをくすぐり、その後に可愛げのある若手社員が話し相手になって、信頼関係を得て金融商品を売る。しかもその商品は、たいがい手数料が高く、本人の資産形成にどれだけ必要性があるのか疑わしいものが多い。業界では、ご利益があるというふれこみでただの壺を売りつける悪徳商法に見立てて、「壺売り」と呼ぶ人すらいるくらいです。

例えば、ここで出てきた「毎月分配型投信」は、その名の通り1か月ごとに決算を行い、運用益を分配金として支払う商品です。こまめにお金が受け取れるため、年金生活者を中心に「毎月のお小遣いや生活費の足しになる」と、非常に人気が高いものでした。

しかし、私は毎月分配型投信を高齢者に勧めることにまったく同意していません。まず、運用益がプラスの場合でも、毎月決算するごとに課税され、元本から引かれるので、結果として投資効率が悪い。さらに、運用益がマイナスになった場合は元本を取り崩して分配金が支払われます。これでは、実際に分配金として現金を受け取ることはできるものの、元本を切り崩して減らしていることがほとんどなので、投資とは呼べません。

さらに、毎月分配型投信の定番は、海外リート型や通貨選択型など、比較的リスクの高い投資先が多いのです。新興国の通貨を選択して大きく資産が目減りすることもあり、この場合も元本が減って最終的に損をすることに気付かず、投資を続ける高齢者が多いのが現状です。

では、銀行員のＢさんは高齢者をだましているのでしょうか？　さきほどの会話をよく見てください。「運用成績がマイナスになったときは、元本から支払う」と、Ｂさんは〝ちゃんと〟説明しています。Ａさんはある意味、自己責任で金融商品を購入したのです。結果として営業担当のカモになっているけれど、Ｂさんの行為は消費者の知識不足に付け込んだだけで、違法ではありません。

このように、人気がある金融商品の中には、消費者の利益を本当に満たしているのか、疑問が残るものが実は多い。最近、金融庁が指摘しているのは銀行窓口で売られている変額年金保険や、外貨建て生命保険の手数料。これらは手数料がブラックボックスになっていて、不当に高い手数料を取っているのではないかという懸念があるからです。また、他に手数料が安い商品があっても、日本では銀行員が他社グループの金融商品を売ることなどめったになかった。銀行や証券会社で販売するために運用会社に商品を作らせる、という仕組みでした。こういう「**顧客都合より、自己都合**」がまかり通ってきたのが、これまでの日本の金融業界なのです。

森長官はこのような実態をよく理解していました。こんなことをしていては、貴重な資産が大手金融業者に流れるばかりで、肝心の消費者はむしり取られるばかり。成長産業にお金を流すという本来の役割ではなく、消費者のためにならない金融商品を売って手数料稼ぎをするというのは、金融機関のあるべき姿ではない。

そこで、森長官は金融業者に対して、フィデューシャリー・デューティーという大きな旗を掲げたのです。

このままでは行き詰まる金融機関

金融庁は2014年7月～翌6月の年度で、初めてこの概念を取り入れました。長官自ら公の場で口を酸っぱくしてフィデューシャリー・デューティーを重視すると発言し、本気度をアピールしているので、いよいよ金融機関も重い腰を上げなくてはなりません。

個人投資家に対しては、資産形成に役立つ商品をプロとして選ぶ。高い手数料の商品であれば「なぜ高いのか」をきちんと説明する。企業に対しては、安全な先だけでなく、適切なリスクをとって成長産業にお金を流す。金融機関は、これまでと１８０度価値観を変える意識改革を迫られています。

実際、毎月分配型ファンドは人気商品として積極的に販売されてきましたが、ファンドの収益を超えた分配金の支払いについて金融庁が問題視して指摘したことから、金融機関側も販売を控えるケースが目立ってきています。毎月分配型ファンドの純資産残高は、ピーク時（２０１５年５月）は43兆円ありましたが、２０１７年11月末時点では30兆円まで減少しています。

他にも動きがあります。先ほど述べた、バブル崩壊後に銀行が萎縮する原因となった、金融庁の厳しいチェック体制。もともとは不良債権処理のために生まれ、徐々に銀行側を思考停止に追い込んだ「金融検査マニュアル」を、森長官は〝時代の遺物〟とし、検査方法を大きく変える方向に舵《かじ》を切っています。

箸の上げ下げまでチェックするマニュアルを改正し、「質の良い金融サービスを提供できているか」「将来に向けたビジネスモデルの持続可能性があるか」「ビジネスの全体を俯瞰《ふかん》し真に重要な問題への対応ができているか」という新たな着眼点を取り入れて、金融機関に自ら適切な対応を取っているかをチェックさせているのです。ここにも、中長期の本質的な成長を見据えた森長官の思想が色濃く出ています。

森長官は、資産運用業界では理想主義者、原理主義者と思われているフシもあるようですが、私には「未来からの使者」に見えます。「このままだと大変なことになりますよ。いま、ここでシフトチェンジをしないと手遅れになります」と訴える、未来からやってきた使者そのものに見えるのです。

金融業界の現状を知るうえで参考になるのが、日本酒業界の話です。いきなりなんだ、と思われるかもしれませんね。このことに気づいたのは、新潟県のメーカー・菊水酒造の経営者の方とお話ししたときでした。日本酒業界に起きた構造改革について伺い、これはそのまま資産運用業界にも当てはまると確信しました。

日本酒の国内消費は、１９７５年度をピークにおおむね減少傾向にあります。１週間に２回以上日本酒を飲む人、すなわち日本酒業界の上顧客はほとんどが60歳以上です。高齢化に加えて、若者の日本酒離れも進み、少し前には老舗メーカーの倒産が相次ぎました。

ところが、多くの日本酒メーカーの経営者は抜本的な対策を取りませんでした。目先の利益を確保しようと、上顧客である60歳以上にウケる味、ネーミング、パッケージばかりを取り入れました。その結果が、日本酒市場の縮小でした。

60歳以上の上顧客は先細りが避けられません。そのうえ、いまの50代が60代になったら日本酒を飲むようになるかというと、そうではない。彼らが飲むのはビールや発泡酒や焼酎、ワインだからです。シニア世代の趣味嗜好は、その人が若者だったときのものをそのまま引っ張っていくものです。

この構図は資産運用業界にも、そのまま当てはまります。現状ではまだ、金融機関は日本酒メーカーのように破綻していません。というのも、団塊世代の存在があるからです。かろうじて団塊世代までは、「お金のことで困ったら証券会社や銀行の窓口に行って相談する」という習慣が残っています。

そのため、団塊世代が一斉に退職すると莫大な退職金が金融機関に流れ込み、彼らが金融商品を購入する手数料で大きな利益を上げることができました。ですが、あと10年後に、資産運用業界にも日本酒業界と同じことが起きないと誰が言い切れるでしょうか。

いまの50歳代の多くはお金のことで困っても大手金融機関の窓口には行かず、まずはインターネットで調べるでしょう。金融商品を購入するにしてもネット経由のほうが便利だし、コストが安いことを知っています。10年後、彼らが60歳になったからといって突然、銀行の窓口を訪ねるようにはならないでしょう。そうなると、こうした流れへの対応が遅れた地方の金融機関などは、リストラを免れることができなくなります。

日本酒業界に話を戻すと、菊水酒造は人口動態のグラフとその趣味嗜好の実態を見て、危機感を抱き、新たな目標を掲げました。若い世代への浸透と海外展開です。そして、日本酒の味を若い世代が好むようなデザインやネーミング、飲み口に変えていきました。東京にもアンテナショップをつくるなど、次々に対策を打っていったのです。

金融庁の森長官は、2017年に日本証券アナリスト協会のセミナーで講演し、金融業界の構造的な問題を赤裸々に指摘しました（注5）。

「顧客である消費者の真の利益をかえりみない、生産者の論理が横行しています。特に資産運用の世界においては、そうした傾向が顕著に見受けられます」と、辛辣な言葉で批判したのです。それまで私は、金融庁はどちらかといえば敵対する立場だと思っていたのですが、森長官は私の主張を代弁していただいているようで、ビックリしています。

森長官は2017年7月、金融庁長官としては異例の任期3年目となりました。詳しくは後述しますが、2018年1月からは肝いりの制度「つみたてNISA」もスタートしました。これまでの資産運用業界の問題点を明らかにし、国民がそれぞれの力で資産

注5　森長官の講演録は https://www.fsa.go.jp/common/conference/danwa/20170407/01.pdf を参照。金融庁のウェブサイトで公表されていて、どなたでも読むことができます。あまり知られていない資産運用業界の問題点がわかるはずです。

を形成するための制度、環境づくりが、着実に進められてきています。

いまこそ「未来からの使者」の言葉に素直に耳を傾け、変革をすべきときが来ているのです。

経営の神様が伝えていた、投資の必要性

ちなみに森長官が指摘した、資産運用業界の「長期的視点・顧客志向の欠如」は、今に始まったことではありません。いまから約50年前。１９６７年にある人が論文を発表し、次のような問題を指摘しています。要約すると、

「大衆個人株主が軽視される風潮がある」
「株主総会がごく短い時間で形式的に済まされる」
「安心して投資し、株を持つことができにくい」
「昨今はバクチ的な面が強く、短期でもうけるのが当然になっている」
「そのため経営者はさらに個人株主を軽視する」

なんと、約50年前にもこのような指摘をした人がいたのですね。その人は、誰あろう**「経営の神様」といわれた松下幸之助《まつしたこうのすけ》翁**です。これらの問題は、私が常々セミナーなどで指摘していることです。それをどうにかしようと、独立して会社を立ち上げたといっても過言ではないのですが、いまだに解決を見ない、古くて新しい問題です。

彼は論文で、「我々は、この悪循環を早急に断ち切り、大衆が安心して、喜びを持って株に投資することができる新しい日本にしてゆかねば」と記しています。そのための4つの提言に注目です。政府、株式を発行する企業経営者、株主（個人投資家）、株の売買を仲介する証券会社、4者に対して「長期投資の必要性」という観点から意識変革を求めているのです。

提言を要約してみましょう。

まず、政府に対しては、

「政府自らが、株式の大衆化や株主尊重の意識を正しく認識・評価する。そして、すべての国民に株式を持つことを積極的に奨励する」

株主に対しては、

「株主は、自ら会社の主人公であるということを正しく自覚・認識する。そして、たとえ少数しか持っていない株主であっても経営者に対し言うべきは言う。単に配当を受け取るというだけでなく、株主としての権威・見識を持って会社の番頭である経営者を叱咤《しった》激励する」

経営者に対しては、

「経営者は、株主は会社経営に必要な資金を出資してくれる、いわば自分たちのご主人であるということを決して忘れてはならない。つまり、自分の主人である株主の利害に対しては真剣にならなければいけない」

いちいち、頷かされる内容ですね。

そして、最後、証券会社に対しては、

「証券会社は、株式の大衆化を実現するために個人株主をできるだけ多くつくっていくことが使命」

——としているのです。

これこそまさに、先ほどから説明してきた、「フィデューシャリー・デューティー」です。幸之助翁が提言した課題が、50年のときを超えてようやく着手されつつあるということでしょう。

ひふみ投信が爆発的に支持を伸ばしたわけ

森長官が言うように、資産運用業界が真の顧客目線を実行すれば、投資したいと思う個人投資家は増えるはずです。多くの日本人が「投資＝悪・危険」というイメージを持っているのは、前述のような「生産者の論理が横行している」金融機関の責任も、少なからずあったのだと思います。

実際、私がファンドマネージャーを務める投資信託「ひふみ投信」は、２００８年の運用開始以来、超・顧客目線を徹底してきたと自負しています。私たちのお客さまは若い世代を中心に、長期的な資産形成を目指している方々です。

投資先の判断は、成長実績や市場予測はもちろんのこと、営業が全国を足で回って経営者と話したり現場を見たりして、実力を見極めています。そうやって、企業価値に対して市場価格が割安な銘柄を見つけて長期目線で投資を行いリターンを上げるのが、ひふみのやり方です。

だって私は成長マニアですから。投資先の会社が成長し、ひふみ投信が成長し、結果として顧客の資産が成長し……そうすることで**日本を根っこから元気にしたい**。そういう良循環を起こすことこそが、私の目指す投資のあり方なのです。

そして2017年2月、テレビ番組『カンブリア宮殿』で私たちの取り組みが取り上げられ、一般の方々にひふみ投信の存在が一気に広まりました。

放映当初、ひふみシリーズ（ひふみ投信・ひふみプラス・ひふみ年金）の運用残高は約1300億円ほどでした。もともと口コミなどで順調に顧客を伸ばしていたときでしたから、1年後には500億円ほど増えればいいなと考え、計画を立てていました。それが、『カンブリア宮殿』の後にどうなったかというと、１年後にはなんと予想の10倍の５０００億円ほど、運用残高が増えたのです。番組を見て感動したという方が最初に顧客になってくださり、その後に二次的に口コミが広がっていきました。顧客が増えるスピードは、日が経つにつれ加速しています。そのうちのかなり多くが、新しく資産運用を始める方です。

ただ、ひふみは、既存業界から顧客を奪っているわけではないのです。ものすごくざっくり言うと、日本の個人金融資産１７００兆円のうち、人口としては２割のシニア層が国民の金融資産の８割くらいを保有しているイメージです。既存の業界はほぼすべからくこの２割のシニアを顧客にしており、若い資産形成層のことはほぼ無視しているのが現状です。ここにもGG資本主義が働いていたのですね。

私たちは逆で、既存の金融機関が顧客としている２割をメインとせず、もともと若い資産形成層をターゲットにしていました。だから、結果として顧客を取り合わなかったのです。若年層の保有資産は全体の２割なので、少なく聞こえるかもしれませんが、それでも３４０兆円。とてもニッチとは言えない金額で、しかもここはほぼ無競争です。さらに今後、相続などで増える可能性もあります。

現在、ひふみの直販の顧客の平均年齢が39歳で、そのうちの6〜7割が積み立て投資を選択しています。つまり、10年後に顧客が減る心配は、そんなにしなくていいわけです。

つみたてNISAがきっかけになるか

松下幸之助が願った、「大衆が安心して、喜びを持って株に投資できる」社会。そのきっかけとして期待しているのが、2018年から始まった、積み立て型の少額投資非課税制度。通称、**「つみたてNISA」**です。

これは、積み立て投資する場合に年間40万円を上限として最長20年間、運用益や分配金に対する約20%の税金が非課税になるという画期的な内容です。

つみたてNISAでは、毎年、枠いっぱいの40万円を投資して20年間続けた場合、最大800万円までの元本に対する利益が非課税になります。例えば、運用して10万円の利益が出たとしましょう。通常は約20%が課税されるので、手元に残るのは8万円程度。これがつみたてNISAなら、まるまる10万円が手元に残るのです。

このような思い切った制度が実現した背景には、金融庁の「国民の安定的な資産形成を実現しなくてはならない」という問題意識があります。金融庁はつみたてＮＩＳＡの対象として、低コストの投資信託を選定しました。これまで業界で売れ筋だった毎月分配型や、手数料が高い投信は、つみたてＮＩＳＡの対象外です。長期投資に向かないと考えられる商品が排除されたことで、つみたてＮＩＳＡを利用する人が安心して商品を選べる環境が整ったといえるでしょう。

さらに、つみたてＮＩＳＡは「日本に住む20歳以上」の人なら誰でも利用できます。若い人はもちろん、例えば80歳からでも長期投資することができるのです。人生１００年時代、何歳からでも投資デビューできるのが、つみたてＮＩＳＡの素晴らしいところです。

投資を「文化」にするために

金融庁がつみたてＮＩＳＡに力を入れているのには、もう一つ、理由がありました。それは、日本人の「投資嫌い」をなんとかしなくてはいけないという危機感。ここまでは、業界の姿勢に問題があることを指摘してきましたが、問題は顧客側にもあるのではないか、ということです。

日本人の約半分が、投資や金融に対して積極的に〝無知〟であろうとしていることをみなさんはご存じでしょうか。

２０１６年の金融庁アンケートによると、金融・投資知識の習得に関する問いで、投資教育を受けた経験が「ある」と答えた人は全体の３割にとどまりました。残りの７割の人は「なし」としており、これらのうち7割の人が「金融や投資に関する知識を身に付けたいと思わない」と回答しているのです。

すなわち、7割の7割、約50％の人が金融や投資に関する教育を受けたことがないし、今後も教育を受けたくないと思っているということです。これは金融知識に対して、「**積極的に無知であろう**」としているということを意味しています。金融の知識を持つことは人として良くないという考え方です。ここには日本人の投資嫌いの根深い精神があります。メディアの人も同様に投資嫌いの人が多いので、正しい金融知識は一向に広まりません。

このアンケート結果を見て、金融庁の幹部が相当ショックを受けていました。「自分たちは果たして正しいことをしていたのだろうか。投資嫌いの日本人をつくったのは自分たちにも責任があるのではないか」と……。

それで、今回のつみたてＮＩＳＡという税制優遇をきっかけにして、投資に踏み出してほしい、という強い思いがあるわけです。商品を厳選して長期での積立投資を行うという制限をかけているのも、投資をギャンブルにせず、資産形成の手段として使ってもらうため。預貯金信仰が染み付いてしまっている日本人に必要なのは、長期投資による成功体験だと考えたのです。

つみたてＮＩＳＡは残念ながらまだ業界では前向きに受け止められているとは言えません。販売手数料を取ることができず、積極的に推進しても自分たちにはうまみがないからです。

ですが、私はこの流れを全力で応援したいと思っています。長い目で見て、日本のためになることだと信じているからです。

そもそも、私は「資本市場を通じて社会に貢献する」ことを経営理念として自分の会社を創業しました。そして現在、ひふみ投信という商品を運用、販売していますが、それ自体が会社の目的ではありません。投信は「おまけ」なのです。どういうことかって？

2010年に放送されたNHKの大河ドラマの『龍馬伝』を覚えていますか。私はあるシーンを見ていて、ハッとしたことがありました。

同郷の高知出身で龍馬の支援者であった岩崎弥太郎《いわさきやたろう》がまだ若かりし頃のエピソードです。後に三菱財閥創始者となる弥太郎ですが、若い時分は木材を売ろうとしても全く売れず、奥さんに「おまけ」をつけることを提案されます。

そこで、弥太郎は木材を使って仏像を自分で彫ってみたのですが、やっぱり売れない。途方に暮れながら売り歩くうち、「トイレが壊れているからその木材をつかってトイレを直してくれ」という依頼がありました。そこで補修を請け負ったところ、とても喜ばれたのです。

そのとき、弥太郎は気がつきました。「そうか、木材がおまけだったのか」と。弥太郎は以後、無料で家屋などの修理を引き受け、そこに自分の木材を使うことで、結果として木材がどんどん売れるようになりました。本当にお客さんが欲しかったものは「快適な空間」だったのです。

私は当時、なんとなしにそのドラマを見ていて、「これだ!」と稲妻に打たれたような衝撃を受けました。つまり、私たちの仕事もお客さまが欲しいのは投信ではないということです。投信には形がありません。手にとることも眺めて愛でることもできない。ただ投信を売ろうとしても無理なのです。

お客さんの本当の願いは投信の購入を通じて社会に貢献したいとか、もしくは将来のお金の不安を解消したい、といったことです。ということは、私たちが売るべきは投信ではなく「投資文化」なんですね。

これまでの証券会社や銀行は投信という金融商品のみを売ってきました。会社自体にブランドがあってコマーシャルでみんなに認知してもらって、各支店の人たちはそのブランド価値を背景に商品を売りに行く。

私たちもそれを否定しているわけではありません。ですが、私たちはあくまで「投信はおまけ」で、投資の「意義」を説いていこうと社員全員に伝えています。

投資の意義を伝えるにあたっていつもお話ししているのは、「私たちは投資に囲まれて生きている」ということです。私たちが住んでいる家、ビル、いま着ている服、下着。通勤で使う駅や電車。いま見ているスマートフォンやコンピューター。すべては誰かがリスクを取って投資をしたおかげでその商品やサービスが手に入れられる。ほぼすべてのものが誰かが投資をしたおかげで存在しています。当たり前のことなのですが、忘れがちなことです。

世の中に価値をもたらす企業の株に投資することは、その会社を応援することになるだけでなく、長期的には私たちの未来をより良いものにすることにつながります。そう考えると、**投資は「希望」と同義**でもあります。

ありがたいことに、だんだんとこの考え方に共鳴してくださるお客さまが確実に増えてきました。特に『カンブリア宮殿』を見て投資をはじめてくださった方の多くは、この「本当の投資の意味」に共感してくださったようです。

自分たちで夢を描いたり、未来を信じたりすること、そのプロセスそのものが「投資文化」なのだということ。このまっとうな投資文化を日本に根付かせるためのチャンスとして、つみたてＮＩＳＡにはとても期待していますし、引き続き積極的に推進していこうと思っています。

第3章 「働き方改革」の向かう未来とは

「日本人はまじめで働き者」ってホント？

みなさんは「労働」という言葉から、どんなイメージを思い浮かべますか？

一般的には、日本人は「まじめで働き者」といわれていますよね。高度成長期ほどではないですが、社員が夜遅くまで残業している会社はまだまだ多い。休暇も夏休みと年末年始にせいぜい1週間取るくらいで、フランス人のように1か月間バカンスに出かけるなんて、ふつうの会社員には無理でしょう。

確かに、日本人は「まじめで働き者」に見えます。しかし、それならなぜ長い間、日本の大企業は成果を上げてこなかったのでしょうか？　確かに、バブル崩壊後の景気低迷は、どの企業にとっても痛手でした。その後長くデフレが続き、外部環境はいまもいいとはいえません。

しかし、第2章でも述べた通り、先進国の中で過去25年間いっこうに株価が上がらない国は、日本だけです。その間、米国ではリーマン・ショックというかつてない金融危機が発生し、欧州ではギリシャの財政破綻があり、そのツケをEU各国が補填するという事態に陥りました。どの先進国も、経済の状況が良かったわけでは決してありません。それなのに、日

図5　日本の若者への「働く意義」アンケート

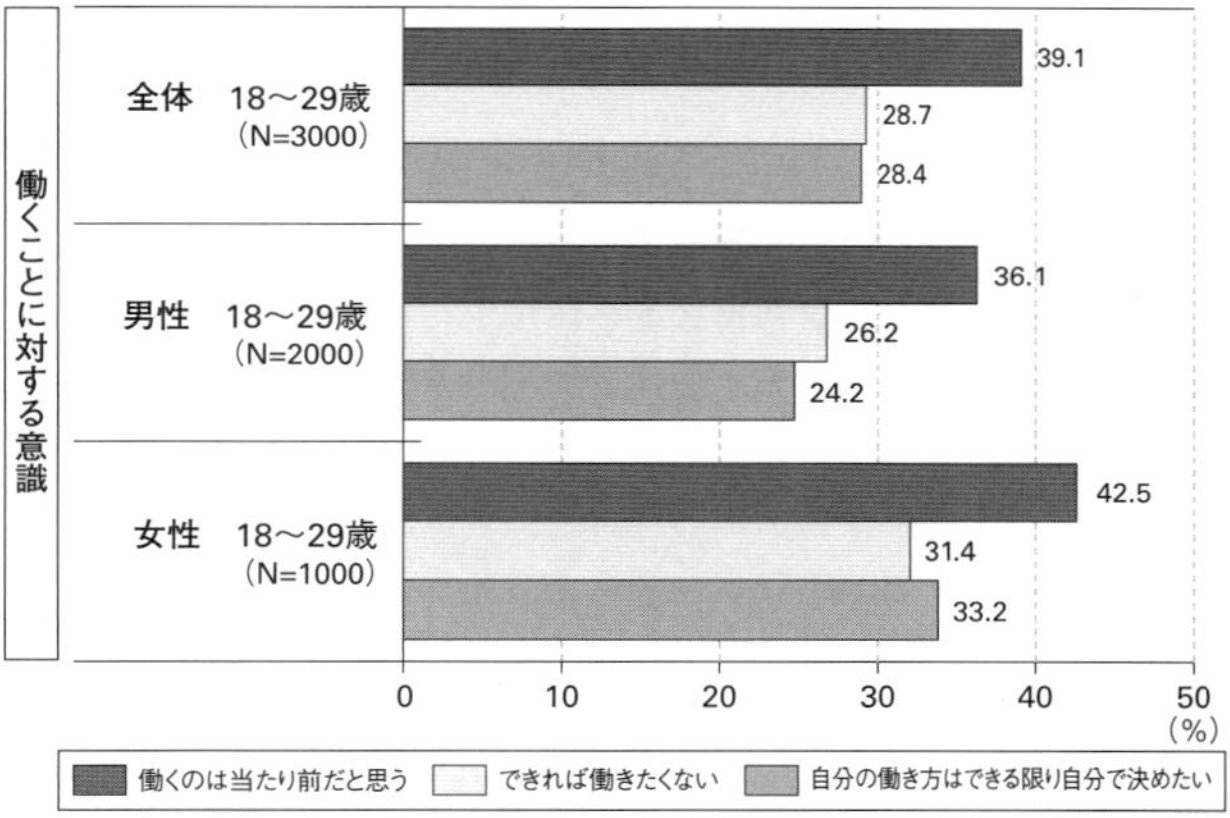

出典：電通総研2015「若者×働く」調査より作成

本ほど株価が低迷を続けている先進国はほかにない。日本人がみんなまじめに会社の未来を考え、しかも長時間働いて貢献していたとしたら、あまりに報われないみじめな結果です。なぜ、そんなことになるのでしょうか。

私は、そもそも**「日本人がまじめで働き者」というイメージが、実態と違っている**からだと思っています。そんなことないですって？　あなたも周囲の大人も、毎日へとへとになって働いている。つらいのをガマンして会社員生活を送っている。うーん、そうですか。

そう思う方はぜひ、図5と図6の調査結果を見てください。

図6　自分が働いている会社に対する信頼度（2016年から2018年の変化）

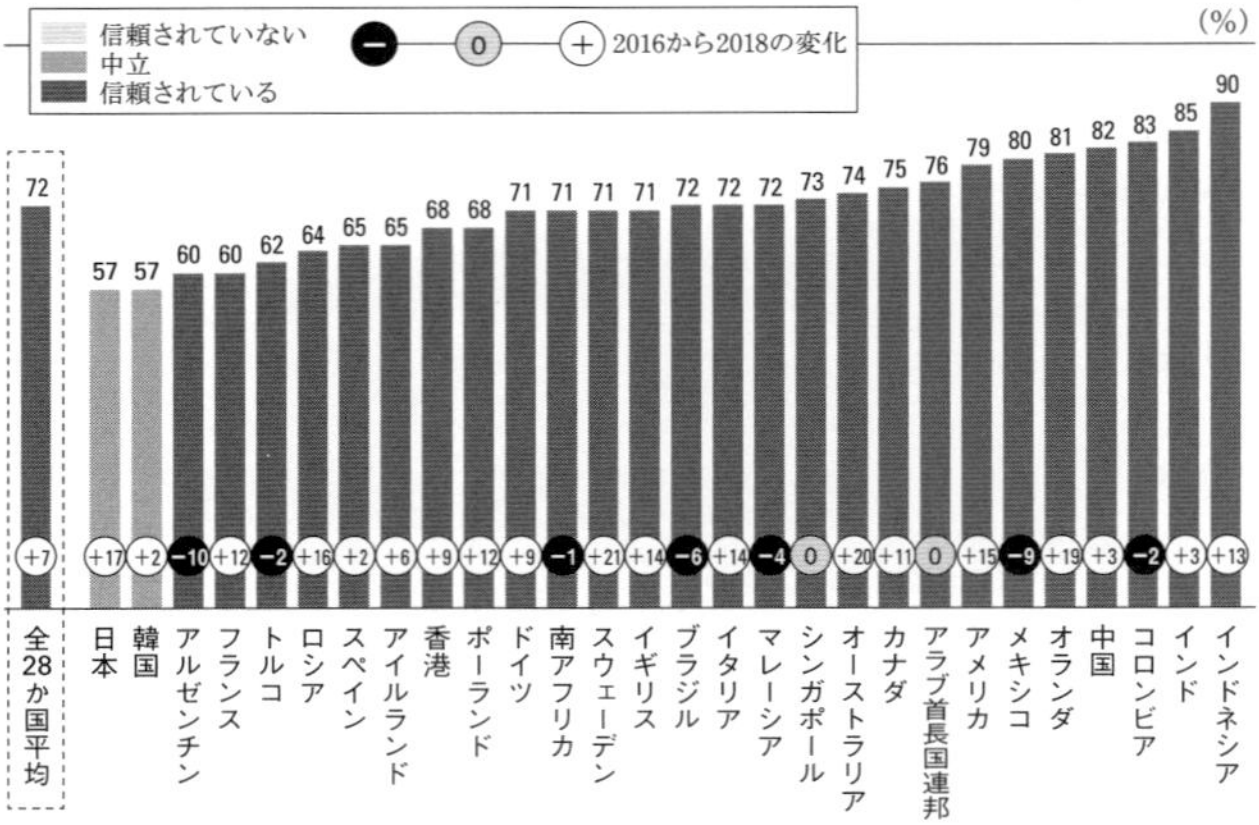

出典：2018エデルマン・トラストバロメーターより作成

日本の若者（18〜29歳）に働く意義を聞いた調査では、「働くのは当たり前」と思っている人は39％しかいません。しかも、「できれば働かずに生きていきたい」と考えている人は約3割もいます。つまり、働くことが嫌いなんですね。

さらに、勤務先の会社への信頼度を聞いた調査（図6）では、日本は28か国平均の72％を下回る57％で、韓国と並んで最下位でした（ちなみにこれでも2年前よりかなり改善した数値です）。米国は79％、ドイツは71％です。

よく、海外旅行から帰ってきて、「やっぱ

り日本のサービスは素晴らしい。海外はすぐにお店が閉まるし、サービスもいい加減で、日本のクオリティーには及ばない」と言う人がいます。ビジネスの海外展開の方法を説く記事で、「外国人は日本人に比べて社員のロイヤルティー（忠誠心）が低いので、マネジメントを工夫しなければいけない」という記述もよく見かけます。こういうことからイメージする「会社へのロイヤルティーが高く、チームワークがいい日本人」と、先ほどの調査結果は大きくかけ離れています。

むしろ米国、ドイツの従業員のほうが会社をちゃんと信頼していて、日本人のほうが「会社嫌い」。一体、どういうことなのでしょうか。

「まじめで働き者」ってもしかすると、時間通りに出勤するとか、言われたことをさぼらずにこなすとか、そういう〝勤務態度〟のことを指すんじゃないでしょうか。内心は嫌々会社に行っていて、「仕事なんてどうでもいい」と思っているけれど、生活のために仕方なく働いている。つまり、「まじめで働き者」というのはうわべの姿で、心の中は全然違う。

思い当たるという人が、結構いるのではないでしょうか。毎朝、憂鬱な気持ちで電車に乗り、決められた仕事を嫌々こなし、会社を出たら居酒屋で会社や上司の悪口を言う。むしろこれが、日本人の平均的な働く姿だという気がします。あなたの周りに、「会社が大好き」「毎朝、仕事に行くのが楽しくてしようがない」と言う人がどれくらいいるのでしょうか。残念ながら、そういう人はいまの日本社会では「恵まれた人」なのだと思います。

こういう労働観――心の中では会社も仕事も嫌いなのに、勤務態度だけはまじめで、それが当たり前と思っている会社員は、ＧＧ資本主義がのさばってきた「失われた20年」において、増え続けています。

一番心配なのは、未来ある10代の若者にまで、そういう考え方が広まってしまうことです。

働くことが嫌いになってしまっている理由

私は明治大学商学部で長年、「ベンチャーファイナンス論」の授業を受け持っています。ベンチャーファイナンスとは、「これをやりたい」という志を持って起業する人を、投資家がお金や知識を出し合って応援する仕組みのことです。

その講義の初めに「働く」ことのイメージを受講生に聞いたことがありました。すると、学生の8割ほどが「働くこと＝ストレスと時間をお金に換えること」だと捉えていました。いま私が一番心配しているのは、この**「日本人の仕事に対するネガティブな潜在意識」**についてです。こんなに「働きたくない」と思う人が多い中で、果たして日本経済はしっかり成長していけるのでしょうか。これはとても深刻な問題だと思いませんか。

商学部で投資について学ぼうというのですから、私の授業を受ける学生は、経済やお金に関心があるはずです。そういう学生たちですら、こうなのです。就職活動中の学生に会社で働くイメージを聞くと、ほとんどの場合、「月曜から金曜まで、〝会社員〟としてガマンして時間を過ごし、その対価としてお給料をもらう」という答えが返ってきます。さらに聞いていくと、「世の中の会社は、基本的にみんなブラック。従業員や取引先、顧客から搾取をして利益を上げるのが会社であって、ホワイト企業など存在しない」という考え方を持っていて、びっくりします。私が学生のころはもう少し、社会に出ることに希望を抱いていたと思うのですが……。

なぜそうなってしまったのかというと、戦後の日本が歩んできた道のりにも原因があるのではないかと思っています。戦後の日本は急速に経済成長する過程で、企業社会になっていきました。終身雇用が常識になり、大きな会社に守られながら働くというスタイルが中心になる一方で、自営業者はどんどん減っていった。日本でも自営業者が身近にいた時代は、何らかの自分の専門スキルを生かして働くということは当たり前でした。例えば日常の買い物にしても、大型ショッピングセンターやネットショッピングではなく、商店街の個人商店に行っていました。そこでどうやってお金が回っていくのかを、子どものころから自然に学ぶことができました。

しかし、企業社会が拡大していくなかで、自営業が減りサラリーマンが増えていきました。人々は「労務を提供すると自動的に給料が振り込まれる」システムの中にだんだんとからめとられてしまいます。会社に属し、その会社で出世し、給料を上げることが「働くこと」だと考えられるようになる。

高度成長期はそれでよかったとしても、バブル崩壊以降は給料も上がりにくいですから、社員たちのモチベーションに行きづまりが生じてしまうのも当然でしょう。そういう親や先輩たちの姿を見て子どもたちは育つので、多くの学生が「**労働とはストレスと時間をお金に換えること**」だと捉えてしまう。

そうなるとどうしても「働いている人を尊敬する」という気持ちも少なくなってしまうのでしょう。海外に行くと、お客さんがお店の人に対して「サンキュー」「メルシー」「グラッチェ」という風に気軽に感謝を表すことをよく目にしますが、日本のコンビニでお客さんから店員さんに「ありがとう」と言っているのをめったに見ることがありません。日本はおもてなしの国だと言っているけど、お客さんから従業員への声かけという点では世界の中で最も少ない国ではないでしょうか。

こうした態度が蔓延している社会は働くことがつまらなくなります。こうしたことが絡み合って、日本人は「仕事嫌い」「会社嫌い」になっている。働くことや会社を「必要悪」だと捉えているので、「会社を応援するのが投資だ」「社会にお金を回そう」と言ってもピンとこないわけです。投資嫌いになるのは当然です。

これからの企業は基本的に働くことが嫌いな人を採用し、育てていかなければなりません。

これは大変なことです。根本的に人のために尽くしたり、働いたりすることは素晴らしいという考えを広げなければ、国家の未来に関わります。

社員は会社にとって資産である

幸い、ここにきて「働く人を大事にしよう」という社会的機運は高まっています。これから少子高齢化が進み、人手不足がますます深刻になっていきます。すでに外国人労働者に頼らないとやっていけない業種も多い。政府や先進的な会社は、いま働いている人を大切にしなければ立ち行かなくなると、とっくに気がついています。

例えば、新たな観点として、「健康経営」という言葉が誕生しています。健康経営とは、従業員の健康管理を経営的な視点で戦略的に行うことです。従業員の活力や生産性の向上をもたらし、結果的に業績や株価の向上につながると期待されています。

経済産業省が東京証券取引所と共同で、健康経営に関する優良企業の表彰も行っており(健康経営銘柄)、私もこちらでは優良企業を選定するための基準を検討する会議に参加しています。

健康経営が注目され始めたということは、「社員は会社にとって資産である」ということが、ようやく意識されてきたということだと思います。

これまでは「社員はコストである」という認識がまかり通っていました。というのも、決算書だけを見れば、貸借対照表の資産の欄に「社員」という項目はないんですね。損益計算書で「人件費」というコストとして表れるものです。社員を消耗品として酷使して心と体の健康をむしばんでいくようなブラック企業が生まれてしまったのも、社員が資産であるという考え方が当たり前ではなかったからです。

ブラック企業への批判が高まってきていること、そして何よりも現在は空前の人手不足。長時間労働や社員の心のケアなど健康に対する配慮も含めて、社員を大切にしない会社はこれからどんどん苦しくなっていきます。

私は従業員の健康に関する支出は、投資の要素が強いと考えています。社員が心身ともにいきいきと健やかに働ける会社は士気も高く、生産性が高いという研究結果もあります。会社は社員の頑張りで成り立っているのは明らかです。長時間労働が常態化し、社員が疲れ切り、心に病を抱える人が増え続ける会社がこの先成長し続けることができるかというと、短期的に収益を稼ぐことがあっても長期に稼ぐことは難しいでしょう。きちんと社員を資産として考え、そこに向けて投資をしているのか。社員の健康は、投資家としてもシビアにチェックしている項目です。

2016年9月に安倍政権が始めた「働き方改革」も、こうした問題意識のもとで進められています。ですが、そこでの議論の中身は、長時間労働の解消や有給休暇の消化など、どちらかといえばまだ「休み方改革」に偏っており、本来の意味での働き方改革としては物足りないのではないかと考えています。もちろん、社員は大切な資産ですから、長時間労働の是正や有休消化率の改善などは社員の健康という面からも重要なことでしょう。仕事だけが人生でないのは明らかなことです。

しかし、「働き方改革」というのであれば、そもそもの「働くこと」や「会社」の本質までしっかりと踏み込まなくてはいけない。「休み方改革」だけでは仕事嫌い、会社嫌いの人々の意識はなかなか変わりません。「どのような仲間とどのように仕事をするのか」「その仕事が自分の良心に恥じず、誇りを持てるか」という議論もなされるのが望ましいと思うのです。**仕事を通じてやりがいや生きがいをより多くの人が感じられるようにすることこそが、働き方改革の本丸でしょう。**

では、私たちはどこから改革に着手すべきなのでしょうか。

ソニーが成長したのはみんなが「楽しんだ」から

「働くこと」や「会社」の本質をひも解くのに、あの企業の創業時のことを振り返ってみるといいかもしれません。戦後間もなく発足し、日本経済をリードしてきたソニーです。創業者の井深大《いぶかまさる》さん、盛田《もりた》昭夫《あきお》さん、２人が立ち上げた小さな会社は、やがて世界中にファンを持つイノベーティブな大企業に育っていきました。天才的なひらめきを持つ技術者・井深さんの功績はもちろん大きいですが、大きなビジョンを描き、実行できる盛田さんの「経営力」がないと、ソニーの成長はなかったといわれています。

盛田さんは愛知県の造り酒屋の息子で、裕福な家庭で育ちました。さっそうとしたおしゃれな姿と、歯に衣着せぬ物言いがとにかくかっこいい方で、スティーブ・ジョブズもファンだったといいます。
さまざまな趣味に精通し世相に通じた盛田さんが、井深さんがつくるものを心から面白がり、世に出すことを全力で応援していた。それがソニーのイノベーションの源流であったのだそうです。

終戦後、材料も技術の参考書もない時代に、技術者たちが集まって「テープレコーダーをつくろう」「磁気材料は何を使おう」と、見よう見まねで実験をしている。なんだか面白そうなことをしている場所だと、最新の技術に興味がある人たちが訪れては、いつの間にか仲間になっていく。当時のソニーが驚異的なスピードで成長を成し遂げたのは、新しい技術が好きで、仕事を楽しむ人たちが集まってきたから。つまり〝遊び心〟が、世界のソニーをつくりあげたのです。

井深さんは生前、日本経済新聞の『私の履歴書』で、ソニーに捧げた自らの人生を振り返り、最終回をこう締めくくっています（注6）。
「私は盛田君以下のこのうえない良いメンバーに囲まれて生きてきた。この人たちは無謀にも近い私の夢を実現させて楽しませてくれる。こんな幸福は世の中にそんなにあることではないと信じている」

グチも未練もない。自分の仕事をやり切った人間の清々しい言葉です。

井深さんは生涯、仕事を楽しみ続けました。それは盛田さんも同じでしょう。そうやって世にない製品、新しい技術を追求し続けた結果、会社が大きく成長した。これが、本来あるべき「会社」と「働く人」の関係ではないでしょうか。

また、その製品がどのような人の情熱によってつくられたかというのは、不思議と買い手にも伝わってくるものです。

アップルの製品もそうでしょう。ソニーの盛田さんに憧れていたというジョブズですが、彼が生み出す製品には思想やメッセージが込められていました。そのジョブズの哲学・思想に共感し、ファンになる人が世界中にいたわけで、技術だけが優れていたわけではありません。

注6　http://bizacademy.nikkei.co.jp/management/resume3/article.aspx?id=MMACzg001021032012

iPhoneが発売されたとき、日本のメーカーの技術者たちが分解して「ひどい商品だ」「耐久性もなければセキュリティー対策もしていない。中途半端な商品だ」と笑ったと聞いたことがあります。それこそ、自分たちのものづくりの原点が何なのか。「楽しい」「ワクワクする」という顧客の感情を呼び起こすことへの認識が甘すぎるのではないかと思います。

最高管理人も働くことが好きではない

一方で、日本の大企業がイノベーティブな製品をなかなか生み出せず、苦戦しているのは、「仕事を楽しめない風土の会社になったから」といえるでしょう。トップが「最高管理人」として、波風立たずに任期が終わるのを待っているような会社で、下の人たちが楽しく生き生きと働けるはずはありません。ＣＥＯ（chief executive officer）ならぬ「ＣＡＯ」（chief administrative officer）が幅を利かせているのが、日本の会社の難点です。

ＣＡＯの最大の特徴は、リスクをとらないことです。だってそうですよね。自分の任期の間に失敗が起きるなんて、面倒なことは引き受けたくないわけです。失敗しないためには何もしないのが一番ですが、会社が存在する以上、そんなわけにはいきません。

そこで、管理者が幾重にもいる重厚な組織をつくりあげる。縦社会の人間関係を強化して、チームワークではなく、権威で組織を動かそうとする。現場の人間の「やってみたい」という気持ちよりも、理屈の通ったプランニングや隙のないプレゼン、成功の前例がなければ、事業のゴーサインが出ない。そんなＣＡＯのもとで、ワクワクする新しいものなど生まれるわけがありません。

気が付きましたか？　労働が嫌いなのは、若い人だけではありません。そもそも**ＧＧ資本主義の頂点に立つ大企業の重厚長大な組織のトップにいる人たちも、実は仕事が好きじゃない**。ＣＡＯとして、いかにも楽しくなさそうな顔で、社長らしく振る舞っている経営者のなんと多いことでしょう。

そんな会社だから、思うように業績が上がらなければブラックになるし、社員が楽しく働くこともできない。「働くのが嫌いで、愛社精神も薄い日本人」というのは、いまに始まったことではなく、ＧＧ資本主義の結果、起きるべくして起きているといえます。

ＧＧ資本主義における「リスクをとらないことを最優先する思想」は、会社組織だけではなく、いまや日本の社会全体に蔓延しています。
２０１６年の年末には、ノロウイルスの感染を恐れて一部の自治体が「餅つき自粛」を呼びかけたという、笑うに笑えないニュースが流れました。保護者からの心配の声が寄せられたとき、「やめる」というのは最も簡単な解決法です。最近は、メディア表現に対してクレームがあった途端に、その内容の正当性を検証せずに真っ先に記事なり動画なりを「取り下げて謝罪する」傾向がありますが、同じことです。

そういう判断をすぐに下す人たちは、みなさん自分の仕事が好きではないのでしょう。好きではないから、面倒なことをしたくない。リスクをとってまで、「やるべき意義」を主張する理由がない。そもそも、やろうとしていることへの動機が薄く、誇りもないから、リスクがどれほどのものなのかを検討することもなく、ただ簡単に自粛したり、取り下げてなかったことにできるのでしょう。

その先に、何があるのか。お餅の件で言えば、お餅をみんなでついて食べるという体験、そこから得られるワクワク感、一体感、手作りのおいしさなどを知る経験が失われます。メディアが一部の人のクレームを気にしすぎるようになると、思い切った表現で、読者や視聴者にメッセージを伝えようとする気概、受け手の心情を考えて表現を工夫する試行錯誤が、失われていきます。こうした現象はあらゆる場所で起きています。

リスクが一切ない社会を目指すというのは、同時に、面白さも味も匂いも快楽もない社会をつくることにほかなりません。

成長マニアの私としては、かなり寂しい事態です。みなさんはどうでしょうか。

日本一ブラジャーを売った母から、学んだこと

さて、会社の本質論に立ち戻りましょう。原則は、「株主の、従業員による、顧客のための会社」でしたね。株式の所有者としてのオーナー・シップは株主にあるし、会社の目線は顧客に向いていなければいけない。しかしあくまでも、会社がやり遂げようとしている志を実行する〝主体〟は誰かといえば、従業員なのです。会社という船を動かす推進力は、従業員にほかなりません。

一人ひとりの従業員が、自らが人生の「主人公」（オーナー）となって仕事を楽しまなければ、会社は成長できないのです。

ここから少し、私の個人的な話をさせてください。

私の母はおそらく「日本一ブラジャーを売った人」です。私が中学生のときに、デパートでワコールの下着を売る仕事を始めて、何度も地域での売り上げナンバーワンに選ばれていました。実績が認められ、最後は顧問という形で70歳くらいまで仕事をしていたので、販売歴を考えると「日本一のブラジャー販売員」と言っていいと思います。

いま思うと、母も働いていたおかげで私は習い事をしたり、大学にも行けたりして随分と恩恵を受けたのですが、十代のころは恥ずかしかった。だって、思春期の男の子ですよ。地方だと近所は大体顔見知りなので、友達が「うちの母ちゃんが、お前の母ちゃんからブラジャーを買った」とか、話してくるわけです。微妙な気持ちになりますよね。

ところが母親は本当に仕事が好きだったようで、毎晩のように食卓で話題にします。「今日は雨で人の出が悪かったから、あまり売れなかった」とか、「家族の話を聞いたら盛り上がって、何枚も買ってくれた」とか、その日の様子を事細かに報告するわけです。私は恥ずかしいしうんざりしていたのですが、母はお構いなしでした。

ですが、私はうんざりすると同時に、当時から母の仕事熱心ぶりを、目の当たりにしていたのです。例えば、お客さまに喜んでもらうために、ノートに顧客台帳を付けていて会話の内容を記録していました。試着している間に聞いた旦那さんの話とか子どもの話とか、愚痴なんかも全部覚えていて、メモをとる。するとお客さまも快適に買い物ができるわけで、リピーターになってくれる。その娘、お孫さんと3代にわたって私の母から下着を買っているということもあったようです。

彼女はきっと、働くことを純粋に楽しんでいました。誰かに言われたから、お金を稼ぐために仕方なく、というのではなく、まさに自らが「主人公」（オーナー）として、仕事や会社に向き合っていた。ワコールの「女性を美しくしたい」という企業理念のもと、自分自身のスキルを徹底的に磨いていたように思うのです。これは会社と従業員の理想的な関係ではないでしょうか。

親の労働観というのは、無意識のうちに子どもに影響を与えるのでしょう。母が嬉々としてブラジャーの話を語る姿や、熱心にメモを取っていた姿は、私に「仕事とは楽しくやりがいのあるものだ」という価値観を植え付けてくれたように思います。ですから、先ほど挙げたような現在の日本人の多くが根強く抱いている「仕事はストレスと時間をお金に換えること」というものとは対極の価値観を持てていた。それは、とてもラッキーなことでした。

母が一生懸命働いてくれたことは、経済的な面だけでなく、私の仕事人生に大きな恩恵を与えてくれていたのです。私はいま、母への感謝も込めて、講演などでは「**ブラジャーで育ったファンドマネージャー**」と自己紹介するようになりました。

中小企業の社長たちとの出会い

母のおかげもあり、私は幸いにして働くことに対してのネガティブなイメージは持っていませんでした。とはいえ、自分がどんな仕事に夢中になれるのかというのは、社会人になったころはまだわかりませんでした。

私は大学では法律を学んでいましたので、もともと検事か裁判官を目指していました。でも在学中に司法試験に受からなかったので、少しの間の社会勉強ということで、野村投資顧問（現野村アセットマネジメント）という会社に就職したのです。当時は腰掛けのつもりでしたから、まさかファンドマネージャーという天職に出会い、30年近くも続けることになるなど、夢にも思っていませんでした。

そんな私を目覚めさせたのは、投資先の社長さんたちです。

最初に配属されたのは、中堅中小企業への投資部門でした。正直、あまりうれしくはありませんでした。この本でみなさんに散々「大企業だから偉いという価値観は間違っている」と伝えてきましたが、私も最初は、大企業信奉者だったのです（笑）。中小企業というのは大企業の下にあって、劣っているようなイメージを当たり前のように持っていました。

しかし、そのイメージは、中小企業の社長さんたちのところに通って話を聞くうちに、変わっていきました。

何より彼らは皆、何とか投資家である私からお金を引き出そうと、真剣そのもので私に対峙してきます。論理的に攻めてきたかと思えば、泣き落とし、少し怒ってみるとか、とにかく明日の事業のために必死なのです。

法学部卒で、経済を知らなかった私は、最初のうちは彼らの〝なまぐささ〟に慣れず、面食らう日々でした。しかし、やはりじわじわと影響されていったのでしょう、その心意気や情熱に触れるうちに、私の中で「中小企業を応援していきたい」という気持ちが、どんどんふくらんでいったのです。そこからファンドマネージャーという仕事に夢中になっていきました。

確かに、ヒト・モノ・カネの量では、中小企業は大企業に及びません。それでも、中小企業は自社にしかないニッチな技術に誇りを持っていたり、若い経営者が率いるベンチャーで勢いがあったり、大きくないからこそ家族的な雰囲気で社員を大切にしていたり、なんだかいい感じの会社がたくさんあります。

そもそも、日本の全企業における中小企業の割合は、99・7%。全体で約3400万人の従業員が働いていて、これは日本の全雇用の約7割に当たります。大企業は動かすお金が大きいので注目され、報道も多いですが、実際に多くの雇用を生み、リアルな人々の生活に関わり、「働く場」になっているのは、中小企業なのです。

伝統的なものづくりを続けている老舗だったり、地域に根付いた商売をしている会社だったり、「中小企業」といってもそれぞれ個性があります。ただ一つ、共通点がある。ヒト・モノ・カネがない中で事業を続けるために、あらゆる知恵をしぼっているという点です。その様子は、かつて食卓で見ていた私の母の姿にも重なるように感じました。

大きな失敗を経て、国民のための投資信託を

そのうち、私の中にも、「あちら側に行きたい」という気持ちが芽生えるようになりました。「小さくてもいいから会社を立ち上げて、自分が理想とする投資事業を思う存分やってみたい」と。きっと、大企業相手の投資をしていたら、こんな発想は出てこなかったと思います。自分たちの力で、手ごたえのある商売をしている中小企業の社長さんたちに、私は大いに触発されました。言ってみれば、起業家の魂が植え付けられたのです。

２００３年、レオス・キャピタルワークスを創業しました。当初、投資顧問の仕事をして年金を中心にプロ向けの運用をしていました。ですが、それは私がやりたいことの半分です。あとの半分は国民のための投資信託をつくって育ててみたいという思いがありました。

経営はすごく順調でした。創業から5、6年で株式の時価総額は30億円になり、私は7割の株を持っていたので、個人で20億円の資産家ということになります。これだけだときれいな成功話で終わるのですが、そうはいきません。思った通りに物事が進むと、どうしても人は油断し、思い上がるものです。当時の私は、まるでピノキオ。鼻高々になり、事業に対してもどこか浮ついた気持ちになっていたのかもしれません。

そんな私に決定的な試練が訪れます。２００８年、念願だった個人向けの投資信託「ひふみ投信」の運用を開始した、その直後のことです。アメリカでリーマン・ショックが起きました。運悪く投資信託をスタートしたタイミングで固定費が急激に上がっていたところだったので、ここでの収益の激減はひとたまりもありませんでした。たちまちキャッシュフローが回らなくなったのです。

幸い、救済してくれる会社が現れて経営破綻は免れましたが、私は社長を解任され、ただのヒラ社員に。すっかり途方に暮れました。もう会社にいてもしようがない、また別の道でやり直そう、と思い、「ひふみ投信」を立ち上げる際にメンバーに加わってくれた白水《しらみず》美樹《みき》（現・取締役）に最後に報告しました。このとき、会社を辞めることで99％心は決まっていたのですが、前の会社から私が誘って来てもらったこともあり、さすがに彼女には直接伝えるべきだろうと思い、呼び出したのです。

「ごめんね、こういう事態になったから、あきらめて他のことをやろうと思う」。そう話す私に、白水は「理想の投資信託をつくろうと言って、始めたんじゃないですか。まだがんばれないですか?」と、涙ながらに訴えました。

その言葉と涙が、私の気持ちを初心に戻してくれました。はっと目が覚めて、「投資を通じて企業の成長を支え、日本を元気にする」という創業当時の理想がよみがえってきました。私は覚悟を決め、開き直って働き始めました。当時持っていたレオス・キャピタルワークスの全3240株を1株1円で売却したときの、3240円はいまでも自宅の額に飾ってあります。創業の想い、そしてあのときの悔しい気持ちを二度と忘れないという、自分自身へのいましめです。

本当に不思議なもので、初心にかえった途端に、周囲の人たちが私を応援してくれるようになりました。日本は失敗に厳しいと言いますが、それも思い込みかもしれません。

再出発した後、7年間地道に成果を上げ、2015年に私は社長に返り咲くことができました。経営者として株主からの信頼を一度失ったとはいえ、お客さまと従業員からの信頼が、なんとか残っていたのだと思います。

私は失敗を経て、夢に近づきました。より一層、「投資が好きだ」「投資で日本を良くしたい」という純粋な気持ちで仕事に向き合うことができています。苦労を乗り越えてきたメンバーも同じ思いのはずです。創業時のソニーのときのように、自分の仕事が好きでしようがない人たちの集まりで、そんな人たちと楽しく働くことができているのではないかなと思います。

現在のレオス・キャピタルワークスの運用残高は先に話したように、テレビ放映の影響もあって急成長し、9000億円を超えました。ひふみシリーズ（ひふみ投信、ひふみプラス、ひふみ年金）も日本株の投資信託の中では最大の規模にまで成長しました。

規模は大きくなりましたが、運用成績でも毎年、きちんと評価していただいています。格付投資情報センター（R&I）が選定する「ファンド大賞」の部門賞、トムソン・ロイターリッパー・ファンド・アワード・ジャパンの「最優秀ファンド」賞は３年連続で受賞しています。これからも仲間たちとともに**「国民のための投資信託で日本を元気にする」**という理想に向かってひた走るだけです。

起業体験プログラムで働くことをポジティブに

少し私自身の話にお付き合いいただきました。私がどのような想いで投資家という仕事をしているのかをお伝えすることで、もしかすると「働くこと」をポジティブに捉え直してもらうきっかけになるかもしれないと思ったのです。

そしてここから、いくつかみなさんに提案したいことがあります。

私が一番効果があると思っているのが、「起業体験プログラム」です。ベンチャーキャピタリストである日本テクノロジーベンチャーパートナーズ（ＮＴＶＰ）の村口和孝《むらぐちかずたか》さんを中心に推進されているプログラムで、教育現場にも少しずつ広がってきています。例えば、ＪＰＸ（日本取引所グループ）でもＣＳＲ活動の一環として（「ＪＰＸ起業体験プログラム推進委員会」）、学校や地域とコラボレーションが進んでいます。

具体的にどんなものかというと、中学生・高校生らに対して、「起業家」としてゼロからビジネスを立ち上げる経験を提供する体験型の教育プログラムです。運動会や学園祭といったイベントの際などに擬似「株式会社」を立ち上げて、事業計画書の作成から資金調達、実際の運営から決算までチャレンジしてもらうのです。

「擬似」といっても、扱うのは本物のお金。会社設立→商品開発→学園祭での商品販売→決算・監査→株主総会→解散、といった会社の経営の一連の流れを、現実世界に限りなく近い条件でコンパクトに体験できるようになっています。事業をしようと思っているけれども、お金が足りないので困っている人にお金が余っている人からの融資や出資でその挑戦を応援する。それが「金融」の役割ですから、会社と金融のつながりについても理解できます。

何より、このプログラムを体験すると、働くことへの意識がポジティブになるといいます。「会社というのは付加価値をみんなでつくって、楽しいこともつらいことも乗り越えていく仲間で、そしてその活動の価値に価格がついて、それが株価なんだ」ということを、参加者みんなが「腹落ち」できるからです。まさに「勤労教育」の理想形といえるでしょう。これを金融庁・経産省・文科省などが一体となって全国で行ってほしい。投資すること・起業すること・労働することが同等なんだという同じ目線を持てれば、日本はすごく強くなるはずです。

私は「**このプログラムを全国１０００箇所で毎年開催するようになれば日本経済は復活する**」と本気で思っています。そのくらい、日本の教育には「勤労教育」が大切なのです。

働く現場に「ありがとう」を

そしてもう一つ、私からの提案です。ぜひみなさんも、投資家になりませんか？

いえ、別に、ファンドマネージャーになれと言っているのではありません。世の中には、ありとあらゆる種類の投資があります。

これは私の定義なのですが、投資という行為は「**エネルギーを投入して、未来からお返しをいただくこと**」だと考えています。

世の中の活動は、どこかの誰かが、「お金」を含め、「膨大な時間」「努力」「情熱」「愛情」

などのエネルギーを過去に投入してくれたことで、いまが成り立っています。つまり、未来の社会は私たちがエネルギーを投入していかないと、切り開いていくことができないことになります。

私たちがいまあるのも、家族や学校、地域社会、会社の先輩などが愛情や時間というエネルギーを注ぎ、熱心に「教育投資」をしてくれた成果です。私の母が、楽しく働く様子を見せることで正しい労働観を養ってくれたことも、いま思うと貴重な投資でした。エネルギーを注ぐ対象が工場やお店なら「設備投資」、会社を応援するなら「株式投資」。寄付やボランティアに使ったら「社会投資」、そして自分自身なら「自己投資」ですね。

このように、「投資」と一口に言ってもさまざまで、決して「お金」だけの話ではないのです。まさに「未来を切り開く」ために必要なものです。未来の可能性に対して、いまの資本（お金、時間、労働力など）を投入することが投資なのです。

植物に水と肥料をやり続けないと花が咲かないように、人間の成長にだって、社会の成長にだって、投資が欠かせません。ですから、社会が健やかに育っていくためには投資をする人が増える必要があります。そのために、誰でもいますぐに始められることが一つあるのです。

それは、**「ありがとう」**と言うことです。

あなたがコンビニエンスストアの店員だとして、レジでお客さんから「ありがとう」と言われたら、うれしいですよね。「ありがとう」という言葉は、働く人の誇りややる気を引き出します。「ありがとう」が増えれば、働く楽しさも増える。やる気を持って働くうちに、仕事のレベルが上がり、また次の目標が生まれるかもしれません。

「ありがとう」は、周囲の働く人たち、そして社会への投資なのです。

先ほども日本の働く現場には「ありがとう」が足りないということを指摘しました。それが働くことをつまらなくしている、とも。

恥ずかしいことですが、私はファンドマネージャーの仕事をしていながら、このことに気付くのに時間がかかりました。お金を払ってモノやサービスを受け取るのは当たり前。思うような品質でないときは、不快に思う。そう、ブラック消費者だったのです。

あるとき、仕事でタクシーに乗ると、運転手さんが不慣れで道も知らない。思わず私は声を荒らげました。プロとしてお金をもらっていながら、正しい道を案内できないなんて、ドライバー失格。その運転手さんは客から文句を言われて当然と、思っていました。

タクシーを降りてから、同乗していた女性が私を叱りました。とても感じが悪かったと言うのです。私はびっくりしました。

それから気を付けて周囲を見ていると、店員さんをこき使うように横柄な態度を取ったり、ちょっとでもミスをすると苛立《いらだ》って怒鳴りつけたりするお客さんのなんと多いことか。言っているほうは感じが悪いし、言われたほうは必ず悲しい顔になります。こうやって、仕事嫌いが増えていくのか。私は大いに反省しました。

それ以来、コンビニでもタクシーでもレストランでも、何かをしてもらったら必ず「ありがとう」と言うようにしています。

考えてみれば、私たちが安全で便利な社会で生活できるのは、モノ・サービスを提供する会社、そしてそこで働く人たちのおかげです。スーパーに並ぶ食べ物も、寒い日に体を暖めてくれる洋服も、道路を安心して歩くための信号も、好きな人の声を伝えてくれる携帯電話も、すべて、従業員の労働の成果なのです。誰かがリスクをとって会社に投資し、工場を建ててお店をつくって、モノやサービスを生産していった結果なのです。

さあ、あなたもぜひ、身の回りのモノやサービスを提供してくれた人に「ありがとう」と言ってみてください。それは立派な投資行為で、相手の仕事に楽しさを与えます。あなたも社会を良くする一員になれるのです。それだけではありません。あなた自身も、「ありがとう」と言われる仕事をしましょう。嫌々、ガマンしてお金をもらうのではなく、喜んでもらってお金をもらいましょう。

そのためには、喜んで仕事をできる環境に身を置く必要もあるでしょう。もっともっと仕事を楽しくするために、私たちは個人として何ができるでしょうか。

次章からはあなたに、「〝**虎**〟**になる生き方**」を指南します。

第4章　各地で生まれつつある「虎」たち

変わりたいなら、「虎」になれ！

ここまで、日本経済を停滞させてきていたGG資本主義の実態についてマクロから見てきました。そして、第3章の最後で、私たちの「ありがとう」の言葉からだって、社会を変えていくことができるんだ、とお伝えしましたね。

でも、あなたもまだモヤモヤしているのではないでしょうか。なんとなく兆しはあることはわかったけれど、本当にGG資本主義の社会を打破できるのだろうか。どうせ無理じゃないか、日本はやっぱり暗いんじゃないか……。

私は、そんなモヤモヤしているみなさんにもっともっと活躍してもらいたいのです。第4章では、個人一人ひとりがGG資本主義に縛られずに働くためのマインドセットや具体的な方法を考えていきましょう。

人は誰でも、「心の声」を持っています。自分の能力を生かして人に喜ばれ、世の中の役に立っていると実感できる仕事がしたい。何かを与えてくれた相手に「ありがとう」と言い、自分も同じように「ありがとう」と言われる関係を築きたい——。

そういう、自然な発露としての「心の声」を誰もが持っています。そしてその根っこには、「より良く生きたい・幸せになりたい」という、人間としての当然の願いがあります。

仕事によって「ありがとう」と言われる方法は、その人の能力によってさまざまです。新しいアイデアを考えるのが好きな人であれば、マーケティングや商品の開発を通して、「こういうものがほしかった」と感謝されるでしょう。こつこつ腕を磨く職人タイプの人、相手が欲するものに目ざとく気がつける接客向きの人、職場を明るくするムードメーカー……。会社というのは本来、ありとあらゆるタイプの人が自分の力を発揮し、それらを組み合わせながら、新しいモノ・サービスを社会に発信していく場所です。

それがうまくいかないとしたら、どこかにストッパーがあるから。いま、日本に蔓延しているGG資本主義では、高度成長期の成功体験を引きずって旧式のモデルを追い求める「窮屈なGGたち」がストッパーになっています。

「未来に向けて、ワクワクする会社をつくろう」「いまの社会のニーズに合わせて、変わらなきゃ」

そういう現場の若手たちのやる気をつぶし、定年までの時間をただやり過ごそうとするどうしようもない上司が、いまの日本の会社にはたくさんいるのは確かです。GG資本主義の中で権限を持ち、安住したまま既得権益を手放そうとしないGGたちが、私には、のっそりと寝そべったまま動かないライオンのように見えます。

群れをなして縄張りを守り、集団で敵を捕らえるライオンは、平時であれば「頼れるリーダー」です。秩序を重んじ、力で相手を威嚇する百獣の王。目の前に獲物がたくさんいる豊かな時代には、統率力を発揮して、群れを繁栄させることができるでしょう。

しかしいまは、目の前に獲物がごろごろいる時代ではありません。少子高齢化が進み、国内の市場は縮小しています。産業構造も目まぐるしく変化する中で、どこに獲物が隠れているのかを探しに行かないと、狩りができない時代。いまの日本で求められているのは、平時の安定ではなく、変化に対応できるリーダーです。

それなのに、新しい成長産業に目を向けず、その場所にとどまり大声で吠《ほ》え続けているライオン型のリーダーが、日本の活力を奪っていると思います。

ライオン型のリーダーに出会ったとき、私たちはどう振る舞えばいいのでしょうか。ライオンのパワーはとても強く、声が大きいので、つい言いなりになってしまいます。自分の意思よりも、ライオンの意思を慮《おもんぱか》って行動してしまいます。そのうちに自分がやりたいこと、職業人としての誇り、遊び心などをなくし、いわゆる「社畜」になってしまう――。

「社畜」という言葉の意味はウィキペディアにこう書かれています。「日本で、社員として勤めている会社に飼い慣らされてしまい自分の意思と良心を放棄し奴隷（家畜）と化した賃金労働者の状態を揶揄したもの」（２０１８年5月28日参照）。ここでは良心を放棄し、というところがポイントです。

社畜になるとは、自分の良心を捨てること。ＧＧ資本主義を肯定してしまっています。どうせ無理だよとあきらめてしまうことは、ＧＧ資本主義の継続に加担してしまうことでもあるのです。

2017年の流行語大賞に「忖度《そんたく》」が選ばれたことも何か時代を象徴しているような気がします。「忖度」は元々の意味は悪いものではないのですが、ライオンの権力や権威に対して、同調や迎合、自粛や自主規制が強まってきている、ということでしょう。

こういう事態を避けるために、私はみなさんに一つ提案したい。

それは、**「虎になる生き方」**です。

虎は、ライオンと同じ猛獣でありながら、スタイルは異なります。群れに頼らず単独で行動し、スキルを磨いて獲物を手に入れていく。私が虎に抱いているイメージは、「自立」です。つまり忖度したりされたりするのではなくて、「オーナー・シップ（当事者意識）」を持ち、自分の心の声に従い、人生は自分のもの、自分で切り開いていくんだという強さが、虎の条件なのです。

いまの日本に必要なのは、そうした虎のような自立した生き方をする人がもっと増えることです。そうでないと、老いたライオンのようなGGたちに搾取されてしまいます。

日本を救う3つの虎

私は最近いつも、「**3つの虎が日本を救う**」と言っています。

3つの虎とは……。

・**東京などの都市部で起業し、活躍する「ベンチャーの虎」**
・**地方を引っ張るリーダーである「ヤンキーの虎」**
・**会社の中で存在感を発揮する「社員の虎」**

1つ目の「**ベンチャーの虎**」は、イメージしやすいと思います。主にＩＴの**技術を使って**、「**社会を変えてみせる！**」**と奮闘する起業家たち**のことです。高い志を掲げ、最初から一気にＩＰＯ（新規公開株）を目指すことが多い。そのため、さまざまな人や情報が集まる東京を拠点とし、メディアにもよく取り上げられます。

最近でいえば、「メルカリ」創業者の山田進太郎《やまだしんたろう》社長。メルカリは、見知らぬ人同士が、使わなくなったモノを売買できるフリーマーケット機能を持つアプリです。便利で使いやすいサービスとして急速に普及し、国内外のアプリダウンロード数は1億（２０１７年12月時点）を突破。海外展開も行い、米国でのアプリダウンロード数は３０００万（２０１７年11月時点）を超えています。２０１８年６月に上場もして、世界的にも注目される日本発のベンチャー企業に成長しました。

山田社長は学生時代、楽天でオークション・サービスの立ち上げを経験しました。その後、「映画生活」など数々のインターネット・サービスを立ち上げ、売却してイグジット（投下した資金を回収）した、日本では珍しい連続起業家（シリアルアントレプレナー）です。

「メルカリ」を始めたきっかけは、視野を広げようと出掛けた世界一周旅行なのだそうです。豊かになりたいと願う発展途上国の人々の生活を知る中で、ムダが多く資源を大切に使わない先進国の社会のあり方に疑問を持った山田社長は、自分にとって「不要なモノ」を「必要とする」人に渡す仕組みを考えました。それが、CtoCを仲介し、シェア・エコノミーを促すサービス「メルカリ」の発想につながっていったのです。

他にも、マネーフォワード創業者の辻庸介《つじようすけ》社長、チームラボ創業者の猪子寿之《いのことしゆき》社長、GMOインターネット創業者の熊谷正寿《くまがいまさとし》会長兼社長、ユーザベース創業者の梅田優祐《うめだゆうすけ》社長、スクー創業者の森健志郎《もりけんしろう》社長、カヤック創業者の柳澤大輔《やなさわだいすけ》社長……。社会を変革しようと起業し、これまでにないサービスを世の中に生み出すベンチャーの虎は、枚挙にいとまがありません。

どんづまりで虎化した人たち

次に、「ヤンキーの虎」という人たち。こちらは少し、イメージしづらいかもしれません。ここでいう「ヤンキー」とは、バリバリの不良のことではありません。博報堂の原田曜平《はらだようへい》氏が、地方に住む若者を「マイルドヤンキー」と名づけ、流行語になりましたが、その人たちのことですね。

東京への一極集中が進んでいるとはいえ、他の地域にはまだまだ日本の人口の約90％が暮らしています。マイルドヤンキーと呼ばれる人たちは、生まれ育った地元から出ないで、家族や学生時代からの友人とのつながりを大事にします。仕事での大きな成功や出世よりも、変化の少ない日常を楽しむのが彼ら・彼女らの特徴です。人口比を考えると、日本人のメイン層は、むしろマイルドヤンキーだといっていい。

家族や友達とまったり暮らしていくためには、生活を支える仕事が欠かせません。しかし、ビジネスチャンスがあふれる東京と違って、地方は人口減少・高齢化がダブルで進み、放っておけば衰退の一途をたどる状況です。そんな中、**地元で生きるマイルドヤンキーたちの雇用の受け皿としてビジネスを拡大する経営者**を、私は「ヤンキーの虎」と呼んでいます（詳細は拙著『ヤンキーの虎』・東洋経済新報社刊をご参照ください）。

地方でのビジネスは、新規性よりもその地域に住む人々の身近なニーズに応えることが大切です。ですからヤンキーの虎が手掛ける事業は、介護業や携帯電話ショップ、ガソリンスタンド、カラオケやホテル、飲食店の運営など、生活に根付いた内容がメインです。そういった事業を買収し、傘下企業を増やしてホールディングス（持ち株会社）化するのが、ヤンキーの虎の手法です。

ただカネに物言わせて、買収を繰り返しているわけではありません。もちろん、ビジネスライクな判断もあるでしょうが、事業を拡大する理由として、**地域との縁や絆、愛という数値化し難いものが根底に流れている**のが特徴です。

例えば、福岡市にあるワールドホールディングスは、もともと製造業を中心とする業務請負ビジネスからスタートし、いまは人材・教育、不動産、ＩＴへとどんどん業態を広げ、急成長しています。

実は２００８年のリーマン・ショックの際、経営不振に陥ったのですが、伊井田栄吉《いいだえいきち》会長兼社長が一大決心し、信頼のあった地銀から合計３００億円もの資金を調達したのです。しかもそのお金で何をしたかというと、同様に不振に陥った同業他社を、社員から借金からみんな含めて引き受けたんだそうです。「みんな仲間だ、家族だ」と。そのエピソードを聞くと、まさに絆や愛を大切にしている会社なのだとわかります。

ヤンキーの虎は、あくまで地方に根付いたビジネスを展開するので、全国や海外の市場を狙ってＩＰＯを目指す人はあまりいません。そのため、メディアに取り上げられることは少ないのですが、私はこれまでに出会ったヤンキーの虎のみなさんを、華やかなベンチャーの虎たちと同じくらい、リスペクトしています。

ヤンキーの虎は、マイルドヤンキーを束ねるくらいですから、自立していることはもちろん、強烈なリーダーシップを持つ人が多い。単に声が大きいとか、熱い言葉を並べるとか、そういうことではありません。どちらかというと地に足がついた勉強家で、お金と時間をかけて必要な情報にアクセスし、経営者としての実力を磨く。そのうえで、過去の慣習にとらわれずに、会社を大きくするためにリスクをとって挑戦していく。このあたりの起業家精神は、ベンチャーの虎とまったく同じだと思います。

よく聞く日本批判として、「アメリカと違って、Facebookを立ち上げたマーク・ザッカーバーグのようなインパクトのある起業家が出てこない」というものがあります。私の考えはまったく違って、**１兆円規模の会社をつくる起業家が１人いるより、１００億円規模の会**

社をつくる起業家が100人いるほうがいい。そのほうが富は分散するし、大金持ち、小金持ち、中流階級と幅広い層の人たちが共存する健全な社会になる。

1人のカリスマに頼るより、100人の社長が意思決定をするほうが、はるかに社会に多様な価値観が生まれます。従業員にとっても、どのような会社でがんばるのか、選択肢が多くなる。同じ1兆円の売り上げでも、たくさんの会社で稼ぎ出すほうが社会は豊かになるでしょう。

ヤンキーの虎は、地方の厳しい環境の中で弱っていく周囲を吸収合併し、いい意味でのしあがってきました。多くの雇用を生み、熱心に事業を成長させ、地域経済に貢献しています。地方はもうダメだと言われ続けていますが、そんなどんづまりの状況で虎化する人たちが出てきたことは、称賛に値します。

「トラリーマン」に注目しよう

さて、いよいよ3つ目の虎、「**社員の虎**」の話です。社会を変えるのは、経営者だけではないということです。会社の中で働く一人ひとりの社員だって、虎になることはできるのではないか。そんな仮説のもとで周囲を探してみると、実はたくさん生息していることがわかりました。**会社員でありながら、組織の意向を慮るよりも自分の意思・良心に従い、会社のリソースを使って、顧客のために働く社員。**そんな人たちを、私は社員の虎——「トラリーマン」と呼んでいます。

ベンチャーの虎のような起業家になるのは、大変です。「これをやりたい」という強い想い、リスクをとる資質が必要で、誰でもなれるものではありません。ヤンキーの虎も、もともと親が商売をやっていたとか、地元に強いネットワークがあるとか、いくつかの条件があります。でも、トラリーマンは、会社員でいながら、誰もが目指せる存在です。

もし、あなたが日本の会社で働いているとしたら、すでにアドバンテージがあります。日本は労働基準法で解雇理由などが厳しく制限されていて、会社員がかなり「守られている」国です。上司が部下を気に入らないから、ちょっとはみ出ているからといって、辞めさせることはできません。こんなにいい身分を、利用しない手はありませんよね。

何のために働いているかがわからず腐ってしまったり、社畜になって心身を痛めたりする前に、まずトラリーマンになってみる。「クビにするんだったら、クビにしてみろ！」と開き直って、会社の中で顧客のためになる、自分がいいと思う仕事を実行してみる。

それでも受け入れてくれなかったら転職する、起業するという道があります。ですから社畜になるか、会社を辞めるかというだけでなく、第三の選択肢としてトラリーマンという道があることを、多くの人に知ってほしいと思います。

トラリーマンは、やりがいも生きがいも持ちながら、会社員として結果を出します。私が訪問する企業にも結構いて、話すととにかく面白い。

例えば、楽天大学学長の仲山進也《なかやましんや》さん。彼は楽天の正社員ですが、働き方は勤怠も兼業も完全にフリー。会社員としての仕事のかたわら、「仲山考材」という会社をご自身で経営し、横浜F・マリノスと契約をして下部組織のコーチや選手向け研修を行うなど、さまざまな場で仕事をしています。

彼はいま、「日本一・自由な働き方をしている会社員」と言っていいでしょう。

楽天大学というのは、楽天市場に出店しているネットショップの店長さん向けの学びの場。仲山さんは創業間もない楽天に入り、この大学の創設に関わりました。創業者の三木谷浩史《みきたにひろし》社長からは、楽天大学について「MBAのように、フレームワーク（思考の枠組み・基本的な型のようなもの）を教える場にしてほしい」と言われたそうです。

仲山さんはその言葉を受けて、店長さんたちのネットショップ事業を伸ばすために、本当に役立つ大学をつくるにはどうしたらいいかを考えました。売り方のマニュアルをつくって店長さんたちがそのままやるのでは、意味がない。それぞれのショップが強みや特徴を生かし、お客さまに喜んでもらうための「考え方」を共有することが必要だ。そう考えた仲山さんは、数多くの成功事例・失敗事例をもとに、ネットショップ運営の〝キモ〟をまとめて体系化しました。それを楽天大学で共有し、みんなが自分の店舗に当てはめて実践していくことで、各店舗の売り上げが伸びていくモデルをつくったのです。もちろん、その売り上げの一部は楽天市場の利益になります。

その後も、仲山さんは楽天大学というリアルの場で築いた店長さんたちとのつながりを、ほかの仕事に生かしていきます。店長さん向けの月刊誌の立ち上げや、新人研修など、さまざまなジャンルの仕事を振られるたびに、店長さんたちとのネットワークを使ってアイデアを出し、成果を上げていったのです。

全国各地のネットショップの成功は、それらの地域の活性化につながると評価され、自治体に呼ばれて講演することも増えました。

そうやって実績を積み重ねるうちに、「自分も出店企業の社長たちのように、経営者として仕事をしてみたい」という気持ちが出てきたのだそうです。ふつうはそこで会社を辞めますが、仲山さんはなんと正社員のまま、「フェロー的」な立場で会社に関わることが許されました。それも制度があるわけではなく、楽天で唯一の特例というからすごいですね。

とはいえ、仲山さんが「日本一・自由な会社員」でいられるのは、自由な気風のＩＴベンチャーで働いているからだと、言う人もいるでしょう。「自分の会社は頭が固いから、とても無理」と思った人に、もう1人のトラリーマンを紹介しましょう。とても固そうな職場に思える、地方銀行で働くトラリーマンです。

沖縄の地方銀行「琉球銀行」の社員・伊禮真《いれいまこと》さんは、営業統括部メディア戦略室の室長でブランド戦略を主に担当しています。面白いのは、ブランディングのための宣伝ツールをなんでもかんでも自分でつくってしまうところ。地下室に最新鋭の印刷機を置いて、会社のパンフレットや名刺など、デザインから印刷まですべてを自前でまかなっています。

その調子で、ふつうは広告代理店に外注するような動画制作も、彼がイチから全部つくっています。作曲家に想いを伝えて作曲を頼み、撮影はカメラを持って自分で撮って、編集まで手掛ける。ＰＲは外注するより、会社の中にいて企業文化をわかっている人がやるほうが、はるかにいいものができる。それは当然なのですが、「広告・宣伝はプロの広告代理店に任せる」のが日本の会社ではなぜか常識になっています。伊禮さんはそういう慣習に乗らず、自分の頭で考え、スキルを身に付けて、自らの手で広告・宣伝を行っています。

代表作は、琉球銀行のブランドビデオ『ｙｏｕｒ　ＴＩＭＥ』。ビデオの中では、カメラが回るなか伊禮さんが地元の小学生からおじいちゃん、おばあちゃんまで、さまざまな年齢・職業の人たちに「時間」についての質問をします。

「あなたの時間があと１００年あるとしたら?」「あと10年だとしたら?」「あと1年」「あと1日」……と、質問は長い時間軸から短い時間軸に変わっていきます。「あと１００年」と言われたときの答えは、人によってばらばらです。「宇宙旅行をしたい」「１００年分の日記をつけたい」など、大きな夢が語られます。しかし、残された時間が少なくなればなるほど、視点は身近なところに移っていく。そして「あと1日」と言われたとき、ほとんどの人が選ぶのは「家族との時間」です。

「子どもに、大事に思っていると伝えたい」「母ちゃんのつくった飯が食べたい」など、時間が限られたときにその人の〝本音〟が出る。感動的なコメントが続いた後に、琉球銀行のクレジットが出てビデオは終わります。

派手な演出はなく、有名人が出てくるわけでもありませんが、見終わった後、「限られた人生を大切に生きなければいけない」「琉球銀行はそれを応援してくれる会社なんだな」という温かいメッセージが残ります。

このビデオは、日本最大級の広告賞である「ＡＣＣ ＣＭ ＦＥＳＴＩＶＡＬ」のフィルム部門でブロンズ賞を受賞。沖縄県内の金融機関では、初の受賞となりました。伊禮さんの伝え方が心に届くものであると、プロからもお墨付きを得られたのです。

地元では知らない人がいないキャラクター「りゅうぎんロボ」をつくったのも、伊禮さんです。１９８６年に入行し、ＣＭ制作を命じられた伊禮さんは、「どうせつくるなら突き抜けたものにしたい」と、アイデアを練ります。ローンを組む年代である30代男性に刺さるものとは、何か。彼らはロボットアニメ世代だから、商品の「おまとめローン」＝合体にひっかけてロボットアニメをつくってみたらどうか。

このアイデアは、銀行の中では「突飛すぎる」と賛否が別れたそうです。結局、伊禮さんの熱意が通って放送されることになり、ＣＭが始まるやいなや大反響を呼びます。「固いイメージの銀行がこんなに面白いＣＭをつくるのか」とネットでも話題になり、そこから次々と続編を出していくことになります。

最近では、数々のロボットアニメで活躍する声優・速水奨《はやみしょう》氏や、『スーパーロボット大戦』シリーズなどの監督・メカニックデザインを手掛けてきた大張正己《おおばりまさみ》氏をスタッフに迎え、本物のロボットアニメにひけをとらないクオリティになっています。さらに、２０１４年からはボーカロイドの歌に乗せて「琉海《るみ》」「琉空《るら》」という美少女キャラクターが出演するＣＭも制作。伊禮さんの挑戦は、とどまるところを知りません。

トラリーマンになるための「3か条」

仲山さんと、伊禮さん。２人の例を見て、「いや、こんなにすごいことはできない」と思いましたか。トラリーマンとして、「飛びぬけて優秀な例なので、「自分には無理」と思ったかもしれません。でもね、千里の道も一歩から。私は訪問先の企業でトラリーマンを見つけると、うれしくなって話を聞きます。ですから2人のほかにもたくさんのトラリーマンを見てきました。彼らはみんな、最初から自由に振る舞い、活躍できたわけではありません。

毎日の会社業務の中で、少しずつ自分のスキルを磨き、顧客を味方につけ、トラリーマンになっていく。そこには、一定の法則があるようです。トラリーマン3か条とでも、呼びましょうか。

【トラリーマン3か条】

（一）**仕事で圧倒的な成果を上げる**
（二）**顧客から信頼される**
（三）**会社の中に強力な庇護者《ひごしゃ》がいる**

トラリーマンとして自分の意思を貫く「自由」を手に入れるためには、やはり本業で成果を出すことが大切です。「あいつは勝手なことをしているけど、まあ、すごいやつだから」と周りから大目に見てもらえるのは、仕事をきちんとしているからこそ。何の成果もなく、ただ好き勝手に振る舞うというのは、トラリーマンではありません。

そこで大事なのは、「何のための仕事か」というスタンスです。ライオン型の上司がいると、その声の大きさに圧倒されて、ついつい「上司のための仕事」になってしまいがちです。しかし、会社が利益を得ている相手は誰かというと、「上司」ではなく、「顧客」です。あなたがいい仕事をしたときに、喜んでくれる相手というのは、本来は顧客なのです。

第3章では、あなたが消費者として振る舞うとき、働く人に「ありがとう」という言葉をかけることで、喜びの連鎖が起きるという話をしました。同じように、あなたが働く側のときにも、「ありがとう」と心から感謝してもらえる仕事を目指す。モノやサービスの提供を通じて顧客から喜ばれ、より社会の役に立てる仕事をするように心掛ける。そうすると、あなた自身のやりがいが、どんどん大きくなっていくでしょう。

そのうちに、顧客との間に「好循環」が起き始めます。あなたがフォア・ザ・カスタマーの姿勢で働き、顧客が喜んでくれた結果、モノやサービスが売れる。やりがいを感じたあなたは、ますます顧客のために力を尽くす。顧客はあなたを信頼し、ファンとして応援してくれる。会社にとってみれば、それが売り上げなどの数字に表れるので、「あいつはすごい」

ということになる。これが、3か条の(一)と(二)です。

フォア・ザ・カスタマーでモノ・サービスを提供しようとすると、自然と「うちの会社の強みって何だろう」と考えるようになります。他社にはできないことがあるからこそ、顧客は「この会社から買ってよかった」と思うからです。じゃあ、自分の会社が世の中に存在する意味、提供できる価値とは、いったい何だろう。トラリーマンは、そこまで考え抜いて、顧客に接します。

例えば仲山さんは、楽天市場の強みを「全国各地の中小企業がそれぞれに面白い商売をする〝場〟であること」だと捉えています。画一的なECサイトと違って、やる気のある店長さんを支援して、ともに成長するのが楽天市場のやり方。店長さんたちが熱く商品について語ったり、お客さまとコミュニケーションをとることによって楽天市場が魅力的な場になっていくと考えています。

そういうふうに会社の強みを自分なりに咀嚼《そしやく》して、フォア・ザ・カスタマーで行動した結果、地域活性化への取り組みなど、楽天の枠を超えたことまで仕事になっていく。一見、好き勝手にやっているように見えて、最後は会社に利益を還元しています。山田洋次《やまだようじ》監督の映画『男はつらいよ』の寅さんのように、ぶらぶらしているように見えて、旅した先々で面白いお土産を持って帰ってくる。結果として、仕事できちんと成果を上げているわけです。

伊禮さんも、ＰＲの仕事を通して、常に「地方銀行として、沖縄に貢献したい」「地元の人たちの役に立ちたい」という気持ちを持っています。それをつきつめてつくったＣＭやビデオが、たくさんの人の心を動かし、結果として琉球銀行のイメージを変えました。

これが安定志向のライオンだったら、「地方銀行らしさ」を破壊するようなＣＭをつくることは難しいでしょう。「いままでと違うことをやる」ことを嫌って、プランをつぶそうとするかもしれません。しかし、トラリーマンはそこで戦います。業界の常識、慣習を破ってでも、顧客にいいと思うことをする。そのような高い職業倫理と、それを実現するスキルを併せ持つのが、トラリーマンの条件です。

伊禮さんのＰＲは、イメージアップだけでなく、実際に業績を上げることにも貢献しています。「りゅうきんロボ」は、当初の狙いだった30代男性だけではなく、子どもたちにも大人気。孫にグッズをねだられて、琉球銀行で口座を開くお年寄りが増えるなど、着実に顧客層を広げています。

さらに、沖縄県内の2014年の就職志望企業ランキングで、琉球銀行は1位になりました（2014年3月14日、求人おきなわ発表のデータ）。地元で「銀行なのにユニーク」「楽しそう」というイメージが根付き、リクルーティングにも良い影響をもたらしているのです。

これも、伊禮さんのブランディングのおかげといえます。

社畜になるな、虎になれ！

トラリーマンは、フォア・ザ・カスタマーを念頭に置き、顧客から信頼された結果、会社に利益をもたらす。その結果を見て「すごいやつ」と一目置かれ、自由を手に入れる。「上司のため」「前例主義」などを超えて、目の前の顧客のために働き、「ありがとう」と喜ばれる好循環について、説明しました。

そしてもう一つ、トラリーマンになるには、「社内に強力な庇護者がいる」という条件があります。仕事というのは、必ず見ている人がいます。自社の強みを理解し、フォア・ザ・

カスタマーで動いているあなたを理解し、「こいつは会社にとって大事な存在だ」とかばってくれる庇護者。私が見てきたパターンでは、ライオンたちがトラリーマンをやっかみ、面倒な存在として敵視する一方で、真に会社のためを想う数人の心ある経営者層、上司がいて、何かあればかばうということが多い。

トラリーマンは全方位からは好かれません。ライオン型の組織では浮いた存在であり、社内では嫌われることも多い。それでも、理解ある庇護者の強力な応援と、顧客からの信頼による仕事の成果によって、力を発揮するのです。

私自身、資産運用会社で働いていたころは、トラリーマンだったと言えるかもしれません。「会社が売りたい金融商品」ではなく、「本当にお客さまのためになる金融商品」を運用しようと思っているうちに、良い成績を残すことができてお客さまから一定の信用を得られるようになりました。成果さえ出せば、自由に動くことが許されたので、会社をたくさん訪問して経営者の方々と対話を重ね、投資先を見つけたり、お客さまのニーズを探ったりしていました。

ふつうのファンドマネージャーはそんなことをしないので、同僚には私を悪く言う人もいました。でも支持してくれるお客さまと、それを理解して応援してくれる上司がいたおかげで、私は会社員として思う存分、自分の意思を貫くことができました。

結果として会社を辞め、起業しましたが、トラリーマン時代に蓄積した仕事の経験がなければいまはありません。トラリーマンとして「お客さまを喜ばせよう」と動き回り、そのためのスキルを磨いていったことが、私のファンドマネージャーとしての存在基盤をつくったといえます。

ベンチャーの虎、ヤンキーの虎が増えることは、日本社会の活力にとって欠かせないことです。しかしそれ以上に、私はトラリーマンが増えることが、いまの日本にとってすごく大事なことだと思っています。

トラリーマンが増えることで、働く人の意識が変わり、その結果、会社が〝内部から〟変わっていくからです。政府主導の「働き方改革」は、長時間労働を是正し、生き生きとした職場を取り戻すという意味で、意義がある。しかし、もっと大切なのは、社員一人ひとりが「国から、経営者から、上司から」という指示系統をとっぱらい、**自分たちが思うフォア・**

ザ・カスタマーを実践し、**主体的に働くこと**です。

現場で働く人たちがトラリーマンになれば、旧態依然とした会社に、革命を起こすことができます。この本では、GG資本主義の弊害をたくさん述べてきましたが、私は、この閉塞感を打ち破る一番の突破口となるのは、会社の中にトラリーマンが増えることだと思います。

信念を貫いたトラリーマンの元祖

ここで少し時代をさかのぼって、私が勝手に、「**元祖・トラリーマン**」だと思っている人物をご紹介しましょう。その名も、**本多静六**《ほんだせいろく》さん。明治、大正、昭和にかけて林学博士として大学で教鞭《きょうべん》を執るかたわら、東京の日比谷公園や明治神宮、大阪の住吉公園など、数多くの名園の設計を手掛けて「公園の父」と呼ばれました。

彼は同時に、独自理論をもつ投資家として、巨万の富を築いたことでも知られています。収入の少ない若いころから、給料の4分の1を必ず貯蓄に回す「4分の1天引き生活」に励み、まとまった貯金ができた後に、株式などに分散して投資する。そうやって着実に財を成し、40代にして100億円余り（現代の価値に換算）もの資産を形成します。何においても勤勉・努力の人で、「毎日1ページ分、文章を書く」という目標を守り続け、生涯で370冊を超える膨大な著作を残しています。

私は本多静六さんが好きで、著作からたくさんの学びを得ました。その中で一つ、気がついたことがあります。彼が投資をした目的は、お金もうけではなく、「やりたい仕事を貫く」ためだったのです。

例えば、本多さんが日比谷公園の設計を任されたときのエピソードがあります。日比谷公園は、当時の東京市（現・東京23区に相当）が国からの提案で土地を払い受け、造った公共の施設です。予算はもちろん行政から出るのですが、本多さんは、それでは公園が発展しないと主張しました。

日比谷公園は、都心の美しい庭園として、長く地域の人々に愛されてほしい。そのためには、一部に民間の施設を入れて、公園の中で自ら稼ぐことが大切である。本多さんはそう考え、日比谷公園に民間のレストランを併設する案を企画しました。

この案に、官僚たちは大反対。当時の議事録が残っているのですが、「公的なところに民間が入っていって稼ぐなどまかりならん！」と散々言われて、本多さんは一度プロジェクトメンバーから外されます。それでも、本多さんはあきらめません。しばらくしてまたプロジェクトに復帰し、しつこく同じ主張をします。そしてできたのが、いまも人気のレストラン「日比谷松本楼」です。

このように、本多さんは仕事において、信念を貫く人でした。それができたのは、投資で築いた財産があったからです。大学のポストや造園家の仕事だけで生活をしていたら、いざというときに職を解かれるのが怖くて、強気な発言ができません。本多さんは投資によって経済的自立を果たしていたからこそ、「いつやめてもいい」という気持ちで、自分が信じる道を突き進むことができたのです。

本多さんが投資をしたのは、フリーダムのため。唯々諾々とお金と地位にしがみついて、意に反する作品を世に出すのではなく、思う通りの仕事をするため。だからこそ、彼は仕事を引退すると同時に、莫大な財産を匿名で寄付します。そして老後は、書をしたためながら質素に暮らしました。
本当にかっこいい、トラリーマンのお手本のような生き方です。

トラリーマンになろう！　と決めて挑戦しても、最初からうまくいくとは限りません。むしろ失敗する可能性のほうが高いでしょう。それでも、まずは行動することが大事です。挑戦は、1回で終わらせてはいけません。せめて3回は、フォア・ザ・カスタマーの発想で動いてみる。その結果、本当にお客さまのためになっていれば、何らかの成果を得ることができるはずです。

重要なのは、会社を変えることではありません。一歩踏み出すことによって、あなた自身が変わること。

この本を手に取った時点で、あなた自身も心のどこかで「変わりたい」と思っているのではないでしょうか。少なくとも自分の意思と良心を放棄する社畜でありたいとは、思っていないはずです。

多くの人が、自ら社畜になることを望んでいないのに、ライオンがいる檻《おり》に飛び込んでそのままガマンを続けてしまう。でも、その檻には鍵なんてかかっていません。本当はいつでも檻を出て、他の道を歩むことができる。そのことをぜひ知ってほしいのです。

第5章 多世代共生社会が切り開く未来

高齢化に負けず成長する企業

ひふみ投信の投資先に、「薬王堂」という会社があります。岩手県に地盤があるドラッグストアなのですが、実際のお店を見ると、かなりユニークです。食料品や衣料品など、何でも売っていて従来のドラッグストアの枠を超えています。自分たちのお店を「小商圏バラエティ型コンビニエンス・ドラッグストア」と呼んでいて、人口７０００人程度の小商圏でも成立する密着型のお店を目指しているそうです。接客でしっかりと住民の要望を聞いて品ぞろえに生かし、かゆいところに手が届くようなお店なんですね。

薬王堂は、もともとふつうのドラッグストアでしたが、時代とともに地域の高齢化が進む中で、その環境に合わせて「高齢者のためのお店」を目指し始めます。しかし、それだけではなかなかお店が活性化しない。あるとき、発想を転換して、「東北のお母さんたちの味方になろう」という目標を掲げました。高齢者だけに目を向けず、生活者みんなを支えるという視点に切り替えたのです。

そうすると、若いお母さんから中年の主婦、おばあちゃんに至るまで、暮らしを取り仕切る女性たちみんなが商売の対象になる。客層が多様になってお店が元気になると、当初ターゲットにしていたお年寄りも、おしゃべりついでに立ち寄るようになったそうです。多くのお年寄りが来店してしゃべったり買い物をしたりできる「場づくり」をすることで、結果的に、地域の高齢者層の健康維持に役立っています。

いま、薬王堂は既存店の売り上げプラスが続き、青森や秋田、山形にも出店を広げています。まさに高齢化の恩恵を受けて成長している企業で、「高齢化バンザイ」といったところでしょうか。

大手量販店が撤退していく、高齢化と人口減少のまっただ中にある地域で、薬王堂はむしろ地元に残ってサービスを充実させています。経営の根っこにあるのは、**地域と共生する**という考え方。それは一つの「思想」ともいうべきものです。

この例は、ＧＧ資本主義の打開を考えるうえでとても重要です。というのも、薬王堂は**「共生」という思想をもったことで、時代の変化を味方につけた**からです。

私は決して、高齢化社会自体が悪いとはいっていません。問題は、**古い思想を押し通そうとする人たちが社会の中にいて、若い世代の自由を奪っていること**なのです。この構図が生むのは、世代間の対立であり、分断です。

これからの社会のあり方として、私が理想とするのは、「多世代共生社会」。お年寄りも中年も若者も子どもも、みんながぐるりと輪になっている絵を想像してください。それも1つの輪ではなく、共通の趣味や思想ごとに、たくさんの輪ができている。それぞれの輪の中で世代を超えて仲間になり、支え合って、進むべき道に向かっていく。

そんな多世代共生社会をつくることが、日本の未来を明るくする唯一の方法であると思います。世代間で分断する発想を捨てて、想いでつながっていく社会。

そんなの、ただのきれいごとですって？

いえいえ、実はもう、変化は起きています。GG資本主義を乗り越える明るい兆しが、私にはたくさん見えています。

若者に見てとれる変化の種

変化を牽引しているのは、いまの若者たち。彼ら・彼女らと話すと、確実に変化の種が見てとれます。

私は長年明治大学で授業を受け持っています。その時代ごとの大学生たちのようすを定点観測できているわけです。ここにきて特に、年々、学生たちの「熱」が上がってきているように感じます。授業の空き時間に学生から質問を募ると、矢継ぎ早に質問が寄せられます。「投資の後の回収の判断は？」「自己資金はいくらで立ち上げたのか？」「いま別の会社を起業するとしたら？」「レオス・キャピタルワークスは理想の会社の何合目か？」——内容もなかなか鋭くて、講師の私も驚くほどです。

さらに最近、印象的だったのは、「将来、起業したい人は？」と尋ねると、教室の2割くらいの学生が手を挙げたことです。なかにはすでに起業している人もいて、熱意がひしひしと伝わってきました。もちろん、授業に参加している学生はもともと起業意識が高い人たちで、一般の若者はもっと保守的なのかもしれません。それでも以前であれば挙手する人はそんなに多くありませんでした。

起業家を目指す若者は、着実に増えつつあると感じています。日本では1990年代にも起業ブームがありましたが、それに匹敵、あるいは上回るようなブームになるのではないかと個人的には思っています。

平成生まれの人たちは、いい意味で「新世代」です。私はこの世代独特のセンスに大いに期待しています。厳しい競争の中で育った団塊世代のようなガツガツ感も、その下のロスジェネ世代のような閉塞感もなく、すごくニュートラルに夢を目指している。マッチョさもなく、男女や年齢の差をあまり気にせず、仲間をつくるのがうまい。

「平成」というと低成長時代をイメージする人も多いと思います。実際にバブル崩壊からの長いデフレ経済がありました。

ところが、「平成生まれ」の若者たちにフォーカスしてみると、景色はちょっと違って見えてきます。

というのも、平成生まれが大学を卒業して社会に出はじめたのは、２００８年のリーマン・ショックよりも後のことだからです。つまり、社会人として彼らが社会に出てからは、**日本経済は基本的に「右肩上がり」だった**というわけなのです。親世代からの影響を強く受けている場合を除けば、彼らの見てきた世界は「そこまで悲惨ではない」ということになります。

また、インターネットやパソコンのある生活環境の中で育ってきたネットネイティブ世代ですから、大人たちが適応に苦労しているような時代の変化にもごく自然体のままで乗ることができてしまう。それに起業のコストも驚くほど下がっているので、アイデアとやる気さえあればパソコン１台でビジネスをスタートすることも可能です。

そして実際に、その平成生まれ世代が、続々と起業をしてきているのです。平成生まれの創業経営者は、これまでの経営者像をいろいろな面で覆してきているように思います。

少し話が逸れますが、アメリカのカリスマ投資家、ウォーレン・バフェットが、経営者が失敗しやすい「3つのL」という話をしていました。Liquor,Ladies and Leverage――すなわち、酒と女とレバレッジです。

実際に、45歳以上の創業経営者というと割と俗っぽく、モチベーションの源とはそんなものだったりします（もちろんそうでない人もいっぱいいます）。高級車、高級酒、芸能人との秘密パーティー、高級タワーマンションのペントハウス……そして、レバレッジ（借金）。私がこれまで見てきた創業経営者による破綻の事例は、確かにこの3つのLのいずれか、もしくは複数のコンボによるものでした。

もちろん、そのような単純な欲望がとてつもないパワーを生むことも多いし、肉食的な嗜好だからダメというわけではないのですが、平成生まれの経営者にはそういう人が少ないのです。高級車にも高級酒にも興味がなくて、昔ながらのマッチョ系経営者がベンツに乗るのを見て「なんで化石燃料のクルマに乗るんですか?」みたいな反応をしたりします。従来のマッチョ系の経営者がそれに対して「近頃の若いやつらは草食系で迫力がない」と説教しても、スルーされてしまうでしょう。彼らはおそらく、欲がないわけではなくて、記号化された成功に興味がないだけなのです。

平成生まれの経営者はむしろ**経営そのものへの集中力が高く、情報収集能力にも長けている**ので、成功への道筋を最短距離で進んでいく傾向にあります。

夢を目指すために、英語や経営学やプログラミングといった勉強をしっかりしているけれど、それを前面に押し出すでもなく、さらっとしている印象です。プレゼンが上手なのも特徴です。その点は、悪者にされがちな「ゆとり教育」の成果の一つだと思います。

そんな平成生まれ起業家の代表といえば、「ＭＡＴＣＨＡ」創業社長の青《あお》木《き》優《ゆう》さん（１９８９年生まれ）でしょう。ＭＡＴＣＨＡは、訪日外国人向けのウェブメディアを運営する会社です。そのメディアは国内ですでに最大級となっていますが、２０２０年までに１億人が使うプラットフォームになるという大きな夢を掲げています。社員の４割が外国人で、国籍もバラバラ。多様性にあふれた会社でもあります。

青木さんと私とは何と言っても、最初の出会いにインパクトがありました。北海道帯広で、シンクタンク主催のイベントがあり、出席した帰りのこと。同じイベントに出ていたスノーピーク社長の山井太《やまいとおる》さんと一緒に、懇親会場に移動するタクシーに乗り込もうとしたら、同じくイベントに参加していた青木さんがすっと入ってきたんです。なんか草食系っぽい若者が「いいですか」と聞くので、「どうぞ」と返したんですね。

タクシーの助手席に乗った彼は、「会場に着くまで、少し当社の話をしてもいいですか」と、すごく柔らかい口調で言うんだけど、密室だから断れない（笑）。シリコンバレーのエレベーターピッチならぬ、タクシーピッチです。その流れでプレゼンを聞くと、なかなか面白い。そこで1週間後に東京のオフィスに来てもらい、事業計画書を見ることにしました。そして1か月後に、私はMATCHAの投資家の一人になっていました。

青木さんはまさに平成生まれです。ギラギラした感じが全然なくて、一見、草食男子に見えるのですが、行動は積極的です。やり方がスマートで自然体で、気がついたらこっちの懐に入っている。

最近の学生たちを見ていると、青木さんに似た雰囲気の人がとても多い。起業するといっても、思い切ってジャンプするというより、就職したり大学院に行ったりすることの並列で、ナチュラルに捉えているようです。こういう若者たちがいま、どんどん社会に出て、活躍し始めています。

若者を応援する「イケてるＧＧ」

若者はいい意味で失敗体験がないので、自由な発想でさまざまなことに取り組むことができます。これに対し、いろいろしがらみがある年長者はチャレンジすることに臆病になりがちです。その分、年長者には経験があるので、「こうしたら、次はこうなる」という先を読んで若者にアドバイスをすることができます。

熱意と能力にあふれる若者たちが、思想を共にするほかの世代とタッグを組んで、協力していったら、どんなに大きな力をもつことでしょう。トラリーマンとしての成功の条件に、「強力な庇護者がいる」ことがあったのを、思い出してください。仲山さんも伊禮さんも、フォア・ザ・カスタマーの思想に共感する経営陣のバックアップによって、力を発揮しています。**新しく何かしようとしている若者を、年長者が応援していく。**これはまさに、多世代共生社会の一つのあり方です。

つまり、多世代共生社会では、チャレンジする若者を応援する年長者の存在も大切なポイントになるわけですね。

私自身も何人もの先輩方に導かれて、ここまで来ることができました。これから彼らへの恩返しもこめて、後に続く世代にとっての支援者、すなわち「イケてるＧＧ」になっていきたい、というのが私の願いでもあります。

読者の方の中には、これから人生後半戦、という方々も多いと思います。素敵に年を重ねていくためにはどうしたらいいのでしょう。私が尊敬している先輩方の姿を思い浮かべながら、彼らにどんな共通点があるのか、考えてみたことがあります。

仕事で成果を出されている方々ばかりなので、圧倒的な優秀さはもちろんでしたが、それ以外のところでの共通点として挙げるとしたら、「愛嬌」や「好奇心」ではないでしょうか。愛嬌というのは、素直さや謙虚さというところも含んでいると思います。好奇心がある人は、いつまでも若々しいですね。

例えば、長年お付き合いさせていただいているドリームインキュベータ会長の堀紘一《ほりこういち》さんは、まさに愛嬌と好奇心を持ち合わせた方です。初めてお会いした時、とにかく感動したのを覚えています。ある話題の時、堀さんが「それは僕にはわからないな」と、はっきりおっしゃったからです。

既に実績を出していて社会的地位もある方だったのに、自分より20も年下の私に「わからない」と伝える。そうできる人は、意外に少ないものです。ですから、この人は信頼できる人だ、と思いました。その後もお付き合いを続けさせてもらっていますが、堀さんの率直さには常々、驚かされてきています。

堀さんは過去の自慢話のようなことを一切口にしないかわりに、いつも今、何にワクワクしているのか、これから何をしていきたいのかをお話ししてくださります。世の中で起きている変化に、いつも注目されて強い関心を持たれています。好奇心の塊なのです。

また堀さん自身、ドリームインキュベータを創業されたのは55歳のときです。「人生はそんなに短くない。40歳、50歳から始めても、遅くはないんです。55歳で始めた私が言うのだから、間違いない」とおっしゃっていました。

人生100年時代と言われる昨今、若い世代に刺激されながら、年長世代も共に新しいチャレンジをどんどんしていけばよいのだと思います。「イケてるGG」が増えていくことも、多世代共生社会が目指す未来の姿です。

課題先進国の日本は、チャンスに満ちている

そうはいっても、高度成長期とは時代が違う。能力ある若者がいても、日本は低成長でビジネスチャンスがないという人もいるでしょう。そういう意見を持つ人は、もしかしたら起業や会社の成長に対して、大きな塔がにょきにょき伸びていくようなイメージを持っているのかもしれません。私からすると、それはちょっと違う。

これまで多くの成長企業の経営者を見てきましたが、**塔を建てたというより「穴を見つけて、穴を埋めた」人のほうが多い**のです。「なんでこんなところに穴があるんだろう？　これを埋めたらもっとスムーズに通れるのにな。それならいっそ、自分で埋めちゃおうか」という感じです。

余っているところから砂を持ってきて、スコップを持ってガサッと入れていく。それが、ビジネスというものの本質です。まずは気づいた小さな穴から埋めていって、そのうち世界中に空いているたくさんの穴を埋めて、世の中のためになっていく。それが私のイメージする成長企業です。

実際、そうした課題解決型の観点で起業し、成長してきている起業家がかなり増えてきました。日本の起業家の質が上がってきていると感じます。若い起業家もシニアの起業家も本物が出てきているのです。

先日も中小企業基盤整備機構で毎年お手伝いをしている「Japan Venture Awards」の審査で、多くの候補企業の面談をしたのですが、面談した起業家のレベルの高さに舌を巻きました。10年近く面談をしてきて、年々、日本の起業家のレベルが上昇しているのを感じていたのですが、今回の質の高さには驚かされました。

時代は着実に変化していて、起業という選択は一発勝負の山師がやるようなイメージから、洗練されたビジネスパーソンの人生における選択肢の一つになってきたということでしょう。

MATCHAだってそうです。日本の伝統食や工芸といった素晴らしい文化が、均一化され消えつつある。一方で海外からやってくる観光客は、伝統文化に触れて喜ぶ方が多い。その2つをつなぐプラットフォームをつくることで、伝統文化を残し、海外からの観光客にも喜んでもらう。そうやって「穴」を埋めようとしています。

日本は少子高齢化や地方の衰退、財政難など、課題だらけの国です。つまり「穴」だらけ。だからこそ、ビジネスチャンスにあふれているというのが、私の考えです。

そうした起業の流れを国も応援するようになりました。経済産業省は2018年から、有望なスタートアップ企業が国の支援制度を優先的に使える枠組み「J-Startup」を始めました。厳正な審査で選ばれた企業を「特待生」として認定し、グローバル展開や開発から量産段階に移る際の設備投資を補助する新制度も設けるそうです。

ちなみに私が起業したのも、「穴を埋める」発想からです。第2章で述べた通り、資産運用業界は「若者をターゲットにしていない」「先細りは必至」「そもそも顧客目線が足りない」など、課題だらけでした。さらにもう一つ、金融商品にブランドがないことも、見落とされている課題だと感じていました。

例えば、お菓子で知っているブランドを挙げてくださいと言うと、「ポッキー」とか「キットカット」とか、商品名が山のように出てきますよね。一方で、投資信託で「何か知っているブランドがありますか？」と街の人に聞いても、何も出てこないと思います。食品の市場規模が約20兆円に対し、投資信託は約１００兆円の市場があります。食品の５倍もある市場に、ブランド化されている商品が一つもない。

つくろうとすれば、つくれたはずです。資産運用業界は、商品をブランド化するという意思や意図を持っていなかったのだと思います。

私は「ひふみ」でそれをやろうとしました。わかりやすい名前をつけ、そのファンドを売り続け、ちゃんと成績も出し続ける。さらに全国津々浦々で、ファンドに込めた思いを個人投資家の方々に話して回っています。地道な活動を続けた結果、マスメディアに取り上げられ、ひふみのブランドはかなり浸透しました。穴を埋める行為を、喜んでくれる方がそれだけ多かったということでしょう。

メタボなおじさんが、きれいなおじさんに

高い塔を建てなくても、穴を埋めれば企業は成長できる。それは私たちの投資先を見ていても、つくづく感じます。華やかなイノベーションを起こさなくても、十分業績を上げられるのです。

例えばここ最近、ひふみの投資先企業の中で健闘していたのは、私が「**きれいなおじさん企業**」と呼ぶ銘柄です。

それらの銘柄は、もともとは「**メタボなおじさん企業**」でした。身体に悪そうなものばかりを食べて、タバコをスパスパ吸い、お酒もガンガン飲んでクダを巻いているようなおじさん、結構いますよね。若いころはともかく、いい年になっても続けていてはとても不健康です。これを「メタボなおじさん」としましょう。

これに対し、「きれいなおじさん」はジムに通って汗を流して肉体改造を進めたり、加齢臭に気を配り爽やかさを醸し出している小ぎれいなおじさんをイメージしていただくといいでしょう。

日本の株式市場には「メタボなおじさん」のような銘柄がたくさんありました。歴史ある企業で、資産もそこそこ保有しているものの、新規性には乏しく、投資家向け広報（ＩＲ）には後ろ向き。旧態依然とした「昭和のおじさん」のようなイメージの企業です。

おそらく上場企業の3分の1くらいがこれに該当するでしょう。株価純資産倍率（ＰＢＲ）が1倍を割り込んでいる（つまり保有する資産の価値よりも株価が低く評価されている）ような、鳴かず飛ばずの銘柄は多く存在します。

一方、「きれいなおじさん」銘柄は、経営陣の新しい発想によって生産性を高めるための改革を進めたり、自己資本利益率（ＲＯＥ）向上に取り組んだりしています。私の実感では、古い「メタボなおじさん」銘柄のうち、1～2割ほど、社数にして１００～２００社は「きれいなおじさん」を目指そうとしていると思います。

きっかけは、第2章で述べた「伊藤リポート」と、これを具体化した「コーポレートガバナンス・コード」（企業統治指針）です。これを見て「このままではまずい」と思ったメタボなおじさん企業が、体質改善に乗り出したのです。

「メタボ」な経営というのは、たっぷり水を含んだスポンジのようなものですから、意識改革により無駄をなくすだけで、それほど優秀な経営者でなくても成果が出やすい。利益の水準としては低くても変化率で考えれば、株価に対するインパクトは大きくなります。つまり、投資妙味があるということです。例えば、1部署に1台ずつコピー機があるような状態を3部署に1台に減らすだけで、大きなコストダウンになり利益が出たりするのです。

例えば、九電工。九州で採用した人材を首都圏に送り込み、首都圏案件を次々と獲得しています。東南アジアをはじめ、海外にも積極的に進出。近年は目を見張る成長を遂げ、株価も上がり続けています。

東京センチュリーは、2016年秋、社名から「リース」という文字をとり、「我々は金融サービス業。銀行ができないことを自分たちがカバーする」という意思を明確にしました。設備や航空機のリースから、太陽光発電、レンタカー事業まで、企業向けの幅広いサービスを手がけ、過去最高益を更新しています。

「きれいなおじさん」になったといっても、別にキラキラの優良企業に変貌したわけではないので、メディアに大きく取り上げられたりもしませんし、大手の機関投資家もこのような会社への投資は得意ではないので、あまり知られていない動きではあります。しかし、このような変化が日本のあちこちで起きているように感じるのです。こういう小さな変化を見逃さないことが、時代やビジネスの大きな流れを読むうえで大事です。少子高齢化とか、地方の衰退とか、大枠ばかりを捉えて「未来は暗い」と言う人は、小さな変化がたくさん芽吹いていることに、気づいていないだけなのです。

くしくもいま、天皇陛下の退位によって、２０１９年に元号が変更されます。バブル崩壊後、低成長に苦しんできた平成の世が、終わろうとしている。新しい時代がやってくるという、**時代の「気分」**とでもいうのでしょうか。新しい元号が検討されるとき、きっとメディアをはじめ世の中は、「次はどんな時代になるんだろう」と、騒ぎ始めると思います。

変化の気分が世の中に満ちたときこそが、チャンスです。

日本人は坂本龍馬《さかもとりょうま》のような、幕末の志士たちの話が好きですよね。でもきっと、彼らは自分たちが歴史を塗り替え、それが後世に小説やドラマでストーリー化されるなんて、想像もしなかったはずです。ましてや当時の庶民たちは、自分たちが日本の転換期を生きているなど、思いもしなかったことでしょう。

もっと単純な変化もあります。ゆっくりと経営者の代替わりが進んでいることです。団塊の世代も60代後半~70代になり、大企業や中堅企業でも社長から会長、会長から顧問、そして引退……。それがヨーイドンで一気に行われるわけでもなく、全国そこかしこで時間をかけながら少しずつ世代交代しているのです。

もちろん、団塊の世代＝悪とかそういう単純な議論ではありません。世代的に人口が多く、かつ金融資産も大きいあるグループの人たちが引退していくことは、良し悪しにかかわらず、何らかの影響を与えるのは間違いない。団塊の世代がビジネスリーダーから退出することが日本にとって良い結果になるかどうかは未来にならないとわからないでしょう。

経営者の交代は会社が変わる機会でもあります。最近は団塊の世代の退出とポスト団塊世代の社長の交代が始まっており、それをきっかけに会社が変わり始めたというケースをしばしば見るようになりました。特にすごく優秀な経営者に変わった、というよりは、長く君臨していた長老の引退で、多少の改革の機運が出てきたという程度のことが多いのです。

いま起きている変化も、同じです。小さな変化を振り返ってみれば、あれが多世代共生社会に向けた過渡期であったといわれる可能性は、大きいと思います。

すべては「好き・嫌い」から始まる

多世代共生社会は、夢や思想を軸に、あらゆる世代の人たちがつながる世界です。つまり、「何を成し遂げたいか」「どんな理想をもつか」を個々人がつきつめることが、大前提となります。

そんなこと言われても、夢や思想なんて、考えたことない――。そう思った人はぜひ、ふだんの生活の中で**「好きなこと、嫌いなこと」を意識する**ことから、始めてみてください。

日本の家庭や学校教育で、「社会の枠からはみ出しても、好きなことをやりなさい」と言われた記憶がある人は、とてもラッキーです。だいたいの大人は、そんなことは言いません。

「ワガママを言うんじゃありません」

「みんながガマンしているのに、なぜあなたはできないの」

「好きなことだけやっていて、生きていけるほど世の中は甘くないよ」

どちらかというとこういう言葉のほうが、子ども時代に言われた覚えがあるかもしれません。

日本の社会は、集団行動を重んじます。みんなと同じことをできるようにしつけをし、できないと叱るという教育が一般的です。典型的なのが、学校給食。好きなものだけを食べて嫌いなものを残したら、間違いなく叱られますよね。嫌いなおかずが食べられなくて、一人だけ延々と残って食べさせられたのがつらかったという記憶がある人、結構いると思います。

こうした教育を受け、大人の期待に応え続けていると、自分は何が好きで、何が嫌いかに鈍感になってしまいます。そもそも「好き・嫌い＝ワガママ」とみなされる社会ですから、よほど自分をしっかり持っていないと、大勢に流されてしまいます。

就職活動だって、そうでしょう。同じ髪型、同じような色のスーツ、同じ時期に同じ会社を回ることを、誰かが強制しているわけではありません。でも日本社会の同調圧力に負けて、給食と同じように、みんなと同じものを嫌々食べる人が多いのです。

なぜ給食を嫌々食べるのか。きっと大人は「栄養のため」と言います。なぜリクルートスーツを着るのか。きっと大人は「安定した将来のため」と言います。それは言い換えると、功利主義です。わきあがってくる感情より、「損得」のほうを選ぶ。その子どもの個性を後回しにして、リスクのない安定を選ぶ。

そういう発想はもう古いと、自覚しなくてはいけません。

大切なのは、目の前のことを自分の「好き・嫌い」に照らし合わせてみることです。いまかかっている、この音楽は？　壁の絵は？　手にしている商品は？　外に見える景色は？　目の前にいる人は？　毎日通勤している、この会社は……？

あらゆることを、まず「好き・嫌い」から考えるくせをつけると、自分の快・不快の感情、やりたいこと・やりたくないことの基準がだんだんわかってきます。その延長線上に、あなたの夢や思想があるのです。

まずは、**自分の感情のあり方に目を凝らすこと**。すべてはそこから始まります。

「好き・嫌い」に慣れて自分の感情のあり方が見えてきたら、次に、できるだけ多くの人にそれを発信しましょう。ささいなことでもかまいません。「自分はこのお店が好きだ」「こういう人を尊敬している」ということを、言葉にするのです。

せっかくSNSのようなインフラが整っているのだから、使わない手はありません。もしあなたが、SNSで100人の友達とつながっているとしましょう。その友達にそれぞれ100人ずつの友達がいて、その先にも100人ずつの友達が……と想定すると、「友達の友達の友達」は、100の3乗で100万人いることになります。100万人って、すごい数だと思いませんか。

SNSって実は、**100人とつながるツールではなくて、その先にいる100万人にアクセスするためのツール**だと考えれば、可能性は大きく広がります。

Twitter や Facebook といったSNS上で、あなたが強い想いをもって何かを発信する。例えば、「地域の伝統文化の素晴らしさを世界に伝えたい！」と、表明するとしましょう。そのメッセージは、まずは100人に届き、そのうちの何人かが興味を持ってくれるはずです。その中には、インフルエンサーと呼ばれる人が何人か含まれます。その人が共感してアクションをしてくれれば、あなたの想いは一気に拡散します。

そうやって100人から次の100人、その先の100人へと、少しずつ想いが共有されていく。最大100万人もいれば、なかには伝統文化に興味がある人、海外との文化外交にパイプがある人など、何人かその夢を助けることができる人が出てくるでしょう。そこからつながりが生まれ、実際に夢が動き出すというのは、あり得る話です。

もし、あなたが次の一歩を踏み出せないとしたら、その原因は「自分は平凡な人間で、思っていることを発信したところで、たいした影響力はない」と思い込んでいることではないでしょうか。

いま**成功している人**だって、**誰もが最初は無名の人間**でした。立場もお金も、築き上げていくものであって、最初からそれらを手にしている人などほとんどいません。それなのに、自分と成功者は「違う種類の人間」と思って前に進まないのは、とてももったいないことです。

その思い込みを外すために必要なキーワードは「楽しさ」です。

先に紹介した「元祖・トラリーマン」本多静六さんには独自のスタイル、哲学がありました。そしてその哲学を貫くための自由を得る方法を知っていました。彼が残した膨大な量の仕事と著作は、苦しみから生まれたのではない。むしろ自由に、信念をもってモノをつくる「楽しさ」に満ちていたはずです。

そう、**仕事とは楽しく、遊び心に満ちたものでなくてはいけません**。

どうせなら仕事を道楽にしよう

私にこのことを教えてくれたのは、本多静六さんだけではありません。米マサチューセッツ工科大学（ＭＩＴ）にある、ＭＩＴメディアラボ。世界最先端の研究室で、ミッチェル・レズニック教授が１９９２年に立ち上げた「Lifelong Kindergarten（生涯、幼稚園）」というグループが、とても興味深いことを言っています。

生涯、幼稚園。いったいどういう研究をしているんでしょう。レズニック教授は、こう説明しています。変化の速い現代において、予期しない状況を生き延びるには、クリエイティブに学び、考え、行動する必要がある。しかし現在、幼稚園以降の学校は、子どもが自分で企画し、創造し、実験するというクリエイティブな機会を与える代わりに、知識をただ伝達して教え込むだけになっている。これでは、クリエイティブな思考が育たない。どうすれば、「生涯幼稚園」の発想で子どもたちの能力を伸ばせるのだろうか。これが、レズニック教授の問題意識です。

レズニック教授はさまざまな研究を経て、「GIVE P'S A CHANCE」という論文を書きました。そこには、「生涯、幼稚園」を実現するために必要な「4つのP」が提唱されています。

【レズニック教授が提唱する4つのP】

- **Projects ＝プロジェクト**
- **Peers ＝仲間**
- **Passion ＝情熱**
- **Play ＝遊び**

「4つのP」では、実際に「プロジェクト」として起動させることや、刺激を与え合う「仲間」がいることと並んで、「情熱」「遊び」という態度が推奨されています。確かに、子どもって夢中になって遊びますよね。砂場で、水遊び場で、ジャングルジムで……時間を忘れて、身体を使って五感をフル回転させて、楽しむことに没頭する。現状に満足せず、もっと面白くするにはどうしたらいいかを考え、遊び方を工夫しながら、知恵を発達させていきます。

それがいつの間にか、「言われたことをやる」学校教育に慣れた結果、多くの人が成長の過程で、夢中になること、新しいアイデアに挑戦し、自らやり方を創り出すこと――つまりクリエイティビティを、忘れてしまいます。そんな大人が集まった組織こそが、いまの日本の「遊び心のない」数々の企業ではないでしょうか。

逆に、大人たちに叱られ、変わり者と言われても、決してクリエイティビティを手放さない人たちもいます。スティーブ・ジョブズやソニーの井深大といった数々の偉大な創業者。元祖・トラリーマンの本多静六さん、そして現代に生きるベンチャーの虎、ヤンキーの虎、社員の虎たち。

虎たちがクリエイティビティを手放さないのは、誰よりも仕事が好きだからでしょう。子どもが夢中になって遊ぶのと同じように、ただひたすら、仕事を「究極の道楽」として楽しみ尽くす。私自身も、そうです。起業家として、ファンドマネージャーとして、素晴らしい会社に出会うこと、その会社を応援し、世の中を良くすることを寝ても覚めても考えています。

「仕事だから仕方なくやる」なんて、つまらない。どうせなら、仕事を道楽化しよう。日々の仕事を「**究極の遊び**」だと思って、挑戦し、試行錯誤して失敗もしながら、成長していく自分を、愛おしんでみてください。人生は、一回切りなのですから。

「檻」から飛び出して「公園」へ

MITメディアラボが、もう一つとても面白い試みをしています。2017年7月に、「Disobedience Award（不服従を讃える賞）」という賞を創設したのです。

「ディスオビーディエンス（Disobedience）」——不服従、現状への反抗、反則。とても強い言葉です。誰かの言いなりになったり、言われた通りにやったりするだけでは、社会は変わらない。この不透明な時代に、政府や組織のルールに縛られていたら、最先端の研究なんてできない。そういう強烈な反骨精神を感じます。

受賞の条件は、「自らの危険を顧みず、社会をより良くしようという意思のもと、責任ある行動を貫いた人物」。行動が違法であるかは問われませんが、単にルールを破ったり、一般市民に危害を加えたりするような行動は対象となりません。あくまで、個人としての信念を実行するためにリスクをとり、社会に影響を与えた人が対象です。彼ら・彼女らの姿勢を奨励し、鼓舞するというのがこの賞です。

第1回目の受賞者は、小児科医の Dr. Mona Hanna—Attisha（モナ・ハナ・アティシャ博士）と、大学教授の Professor Marc Edwards（マーク・エドワーズ教授）。2人は、ミシガン州フリント市で起きた水道水の汚染について、行政を敵に回しながらも、粘り強い調査・研究を続けました。その発表が世論を動かし、2016年1月、ついにミシガン州知事の要請によって、オバマ前大統領が「緊急事態」を宣言するに至りました。

政府や大企業などの巨大組織は社会に大きな影響を与えますが、それが必ずしも「いいこと」ばかりとは限りません。大きな組織になればなるほど、保守的・官僚的になり、変化を恐れるようになります。そんな「ライオンだらけ」の世界に立ち向かい、新しい空気をつくるのが、虎の存在なのです。

虎になるということは、あなたを閉じ込めている、組織の「檻」から出るということです。檻は自由を奪いますが、その反面、外の世界からあなたを守ってくれるという意味では、安心できる場所でもあるでしょう。

では、檻の外にはどんな世界が広がっているんでしょう。そんなに怖い世界なんでしょうか。敵ばかりの、恐ろしいジャングル？　私は、そうじゃないと思います。

元祖トラリーマン・本多静六さんが生業としたのは、造園業でした。偶然ですが、私は「多世代共生社会」をイメージするとき、**「公園（パーク）」**のイメージが頭に浮かびます。お年寄りから子どもまで、誰もが自由に出入りできる場所。芝生で寝ころんだり、ボール遊びをしたり、ベンチでおしゃべりしながらお弁当を食べたり……。集まった人たちがそれぞれ、好きなように振る舞いながら、それでいて、同じパークにいることを楽しんでいる。そんな、ゆるいつながりのパークこそが、未来のあるべき姿だと思うのです。

お上の言うことを下々の者が聞くとか、多数のお年寄りを少数の若者が支えるとか、声の大きい社長や上司のために若い人が社畜となって尽くすとか、そういう「上下・敵対」の関係を温存していては、社会はもう持ちません。いまこそ、官と民、世代、性別、学歴、国籍、宗教――私たちを分断しようとする、あらゆる「線引き」から、自由になるときが来ています。

私が思い浮かべるのは、パークに小さなたくさんのグループが集い、輪になって話したり遊んだりする姿です。みんながより良い未来に向かって、それぞれが信じる行動をとっていく。多世代共生社会をつくるのは、政治家でも、社長でもありません。働く私たち一人ひとりが虎になり、会社を中から変えていくことで、社会の進む方向が変わるのです。それは足元からの改革であり、あなたがいまいる場所から始まる改革です。

私は、いまの若者は素晴らしい素質があると信じています。彼ら・彼女らは日本の将来を託すにふさわしい――そう、**「GG＝ゴールデンジェネレーション」**なのです。

「GG（高齢世代）」と、「GG（ゴールデンジェネレーション）」。2つのGGが手を携えて、そしてその間の世代が協力して集ったとき、そこには明るい未来しかない。分断を超えたその先に、お互いへの理解、共感、尊敬によってつながる、素晴らしい社会が待っています。


さあ、怖がることはありません。

GG（高齢世代）も、GG（ゴールデンジェネレーション）も、みんなで檻を出ましょう。

向かう先は、パークです。

じっと待っているだけでは、何も変わりません。

明るい未来のために、いまこそ――


一歩、踏み出せ！

あとがき　日本社会の未来は「同時代人」が共創する

今回、GG資本主義というテーマで問題提起をしました。

現代の日本では高齢者が経済の真ん中に居座り、牛耳り続けることで経済の停滞を生んできていたことを書いています。繰り返し書きますが、決して高齢者を糾弾したいわけではありません。

私がお伝えしたかったのは、日本の社会にはいくつもの構造問題があるということ、そしてそれを打破するためにどんなことができるのか一緒に考えましょう、ということです。アベノミクスの影響で株価も上昇して、景気回復に対しては期待感が広がっていますが、ここから先もまだまだ一筋縄では行かないでしょう。

日本は課題先進国であるといわれます。この状況を「誰かのせい」だと思っているうちは、きっと解決しません。社会問題に直面すると、どこかに〝黒幕〟がいて、その人たちのせいで不幸せになっているのだと、つい考えがちです。中央があらゆる事象をコントロールしていて、庶民のお金をむしり取っているという構図を思い描いていたとしたら、それは的外れです。私は投資の仕事をやればやるほど、むしろ絶望するぐらい「〝黒幕〟がいない」ということがわかってきました。

ジャーナリストの船橋洋一《ふなばしよういち》さんが書いた『カウントダウン・メルトダウン』という本を読むと、それがよくわかると思います。これは福島第一原発事故の様子を描いた本なのですが、当時は「誰も何もわかってない状況だった」ということがわかって愕然としてしまいます。

官邸も、東電も警察も、誰も情報が取れていない。それぞれの人たちがそれぞれの情報は持っているけれど、全体で何が起きているのか、ということについては誰も把握していなかったという様子が描かれています。

これはおそらく有事の時だったからというわけではなく、日本という国には統治システムはあるものの、根本的には全体を把握している人はほとんどいない状態なのです。

倒すべき〝黒幕〟がいない――ということは、どういうことなのでしょうか。

つまり、全ては自分たちの行動が生んだ結果だということです。GG資本主義の被害者だと思っていた人も、GG資本主義の維持、容認に無意識のうちに加担しているのです。

このことに気づけば、チャンスも見えてきます。

私たちの未来は、私たちが作っていけるということです。

まずは、この本に書かれているような現状を知ることが第一歩です。そのことにより、学校や会社など、自分が属している組織だけにとどまらず、視野を広く物ごとを捉えられるようになると思います。

その後は、ぜひあなたがこうなってほしいという未来を想像してください。その未来に向けて、行動します。**消費し、投資し、投票する。**

大切なのは、「**この未来を自分たちが作るんだ**」という気持ちです。その上で、何にお金を使い、何に情熱を注ぐのかを選択する。主体性をもって一人ひとりが立ち上がることで、少しずつ変化が形になっていきます。立ち上がる人が増えれば増えるほど、変化のスピードが速くなります。

実はこの本は最初の構想から2年以上が経過しています。当初の企画段階とはかなりトーンが変わりました。最初はもっと社会の深刻な問題点をつらつらと指摘していくつもりだったのです。ところが、執筆を始めてから、ポジティブな変化の波が目立って起き始めました。金融庁主導の変革、平成生まれ経営者の台頭、トラリーマンの活躍……一方で、大企業や官僚の不祥事が次々と発覚してうんざりすることもありましたが、これもGG資本主義からの脱却の前にある、最後の〝膿出し〟のような印象もあります。ワクワクしながら、何度も執筆し直しました。

そんなポジティブな変化の一例を紹介しましょう。

私が応援しているベンチャー経営者で田中《たなか》弦《ゆづる》さんという方がいます。ネット広告を主業にするFringe81（フリンジ　ハチイチ）という会社を経営しています。

そのFringe81が新しく展開しているサービスがとても面白く、注目しているのです。それが「Unipos（ユニポス）」という新しい給与システム。パソコンやスマートフォンで同僚に感謝のコメントを送ると、手持ちのポイントが相手に渡るという「ピアボーナス制度」です。田中社長独自のアイデアは仲間からの「感謝のメッセージ」と現金ボーナスという「インセンティブ」とをセットにすることによって、社員同士の信頼関係を強化するというものでした。メルカリなどのベンチャー企業を中心に導入が始まっているそうです。

私は「ありがとう」という言葉のパワーについて、この本でも書いてきました。日本の働く現場では感謝が足りない、とも。その意味でこのUniposが生み出す新しいコミュニケーションの形に大きな期待を寄せています。ＩＴ技術によって感謝のプラットフォームが生まれた。そしてそれが、ちゃんとビジネスに育ちつつある。これこそ、ポジティブな変化です。

課題先進国である日本は、見方を変えればチャンスの宝庫でもあります。それぞれの世代にそれぞれの役割がありますから、世代問わずに皆で知恵を出し合って共創していくのです。異なる世代同士で対立しあったところで、どんな意味があるでしょうか。

私たちは同じ時代の空気を吸い、同じ時代の流行を楽しみ、同じ時代の悩みを抱えています。同じ時代を生きる仲間に、上も下もありません。同世代の仲間だけで集まるのではなくて、**「同時代人」**だと考えてみてはどうでしょう。

多世代共生社会を実現するために鍵になるのは、世代、ジェンダー、国籍などの壁を超えた同時代人としてのコミュニケーションです。

そのベースとなるのも、ごくごくシンプルな「ありがとう」の言葉でしょう。

最後に、この本を読んでくださった同時代人のあなたへ。心からの「ありがとう」を伝えたいと思います。ぜひ未来を一緒に作っていきましょう。

ともに未来を！

藤野英人（ふじのひでと）

レオス・キャピタルワークス株式会社代表取締役社長・最高投資責任者。1966年富山県生まれ。国内・外資大手投資運用会社でファンドマネージャーを歴任後、2003年レオス・キャピタルワークス創業。主に日本の成長企業に投資する株式投資信託「ひふみ投信」シリーズを運用。投資教育にも注力しており、明治大学商学部兼任講師、JPXアカデミーフェローを長年務める。一般社団法人投資信託協会理事。主な著書に『投資家が「お金」よりも大切にしていること』（星海社新書）、『ヤンキーの虎　新・ジモト経済の支配者たち』（東洋経済新報社）、『投資レジェンドが教えるヤバい会社』（日経ビジネス人文庫）。

※本書は特定の金融商品の推奨や投資勧誘を意図するものではありません。最終的な投資の判断は、最新の情報を確認し、ご自身の判断と責任で行ってください。

さらば、GG資本主義《しほんしゅぎ》　投資家《とうしか》が日本《にほん》の未来《みらい》を信《しん》じている理由《りゆう》

2018年6月20日初版1刷発行

著　者 ── 藤野英人
発行者 ── 田邉浩司
装　幀 ── アラン・チャン
印刷所 ── 近代美術
製本所 ── 榎本製本
発行所 ── 株式会社 光文社
東京都文京区音羽1-16-6（〒112-8011）
https://www.kobunsha.com/
電　話 ── 編集部03(5395)8289　書籍販売部03(5395)8116
業務部03(5395)8125
メール ── sinsyo@kobunsha.com

ISBN 978-4-334-04356-8

930
メルケルと右傾化するドイツ
三好範英
メルケルは世界の救世主か？　破壊者か？　メルケルの生涯と業績をたどり、その強さの秘密と危機をもたらす構造を分析する。山本七平賞特別賞を受賞した著者による画期的な論考。
978-4-334-04336-0

931
常勝投資家が予測する日本の未来
玉川陽介
空き家問題、人工知能によってなくなる仕事、新たな基幹産業、国策バブルの着地点――。「金融経済」「情報技術」「社会システム」の観点から「2025年の日本」の姿を描き出す。
978-4-334-04337-7

932
誤解だらけの人工知能
ディープラーニングの限界と可能性
田中潤　松本健太郎
人工知能の研究開発者が語る、第3次人工知能ブームの終焉の可能性と、ディダクション(演繹法)による第4次人工知能ブームの幕開け。人工知能の未来を正しく理解できる決定版！
978-4-334-04338-4

933
社会をつくる「物語」の力
学者と作家の創造的対話
木村草太　新城カズマ
AI、宇宙探査、核戦争の恐怖…現代で起こる事象の全ては「フィクション」が先取りし、世界を変えてきた。憲法学者とSF作家が、現実と創作の関係を軸に来るべき社会を描く。
978-4-334-04339-1

934
「女性活躍」に翻弄される人びと
奥田祥子
女の生き方は時代によって左右される――。人びとの等身大の本音を十数年に及ぶ定点観測ルポで掬い上げ、「女性活躍」推進のジレンマの本質を解き明かし、解決策を考える。
978-4-334-04340-7

935
検証 検察庁の近現代史
倉山満

国民の生活に最も密着した権力である司法権。警察を上回る権限を持つ検察とはいかなる組織なのか。注目の憲政史家が、一つの官庁の歴史を通して日本の近現代史を描く渾身の一冊。

978-4-334-04341-4

936
最強の栄養療法「オーソモレキュラー」入門
溝口徹

がん、うつ、アレルギー、発達障害、不妊、慢性疲労… etc. 全ての不調を根本から改善し、未来の自分を変える「食事と栄養素の力」とは。日本の第一人者が自身や患者の症例を交え解説。

978-4-334-04342-1

937
住みたいまちランキングの罠
大原瞠

便利なまち、「子育てしやすい」をアピールするまち、イメージのよいまち、ランキング上位の住みたいまちは、本当に住みやすいのか？ これまでにない、まち選びの視点を提示。

978-4-334-04343-8

938
空気の検閲
大日本帝国の表現規制
辻田真佐憲

エロ・グロ・ナンセンスから日中戦争・太平洋戦争時代まで、大日本帝国期の資料を丹念に追いながら、一言では言い尽くせない、摩訶不思議な検閲の世界に迫っていく。

978-4-334-04344-5

939
藤井聡太はＡＩに勝てるか？
松本博文

コンピュータが名人を破り、今や人間を超えた。しかし藤井はじめ天才は必ず現れ、歴史を着実に塗り替えていく。奇蹟の中学生とコンピュータの進化で揺れる棋界の最前線を追う。

978-4-334-04345-2

940
AI時代の新・ベーシックインカム論
井上智洋

未来社会は「脱労働社会」——。ベーシックインカムとは何か。財源はどうするのか。現行の貨幣制度の欠陥とは。導入最大の壁とは。AIと経済学の関係を研究するパイオニアが考察。

978-4-334-04346-9

941
素人力
エンタメビジネスのトリック?!
長坂信人

「長坂信人を嫌いだと言う人に会った事がない」——秋元康氏。超個性的なメンバーを束ねる制作会社オフィスクレッシェンド代表による仕事術、経営術とは？ 堤幸彦監督との対談も収録。

978-4-334-04347-6

942
東大生となった君へ
真のエリートへの道
田坂広志

東大卒の半分が失業する時代が来る。その前に何を身につけるべきか？ 高学歴だけでは活躍できない。論理思考と専門知識が価値を失う「人工知能革命」の荒波を、どう越えていくか？

978-4-334-04348-3

943
グルメぎらい
柏井壽

おまかせ料理ではなくお仕着せ料理、味よりもインスタ映え、料理人と馴れ合うブロガー。今のグルメ事情はどこかおかしい——。二十五年以上食を語ってきた著者による、覚悟の書。

978-4-334-04349-0

944
働く女の腹の底
多様化する生き方・考え方
博報堂キャリジョ研

今の働く女性たちは何を考え、どう生きているのか？「キャリア（職業）を持つ女性」＝通称「キャリジョ」を徹底分析。多様化する、現代を生きる女性たちのリアルに迫る。

978-4-334-04350-6

945
日本の分断
切り離される非大卒若者《レッグス》たち
吉川徹

団塊世代の退出後、見えてくるのは新たな分断社会の姿だった——。計量社会学者が最新の社会調査データを元に描き出す近未来の日本。社会を支える現役世代の意識と分断の実態。

978-4-334-04351-3

946
日本サッカー辛航紀
愛と憎しみの100年史
佐山一郎

「日本社会」において「サッカー」とは何だったのか。一九二一年の第一回「天皇杯」から、二〇一八年のロシアW杯出場までおおよそ一世紀を、貴重な文献とともに振り返る。

978-4-334-04352-0

947
非正規・単身・アラフォー女性
「失われた世代」の絶望と希望
雨宮処凛

「失われた二〇年」とともに生きてきた受難の世代——。仕事・お金・介護・孤独……。現代アラフォー女性たちの「証言」から何が見えるのか。ライター・栗田隆子氏との対談を収録。

978-4-334-04353-7

948
天皇と儒教思想
伝統はいかに創られたのか?
小島毅

「日本」の国名と「天皇」が誕生した八世紀、そして近代天皇制に生まれ変わった十九世紀、いずれも思想資源として用いられたのは儒教だった。新しい「伝統」はいかに創られたか?

978-4-334-04354-4

949
デザインが日本を変える
日本人の美意識を取り戻す
前田育男

個性と普遍性の同時追求、生命感の表現、匠技への敬意。経営危機の自動車会社を世界一にしたデザイン部長の勝利哲学。新興国との競争で生き残るには、一つ上のブランドを目指せ!

978-4-334-04355-1

950
さらば、GG資本主義
投資家が日本の未来を信じている理由
藤野英人
ドン詰まりの高齢化日本に、ついにさまざまな立場から変化の兆しが見えてきた。金融庁の改革、台頭する新世代の若者たち……etc. 現代最強の投資家が語る、日本の新たな可能性。
978-4-334-04356-8

951
人生後半の幸福論
50のチェックリストで自分を見直す
齋藤孝
40代、50代は人生のハーフタイム。今、立て直せばあなたは必ず幸せになれる。人生100年時代、75歳までを人生の黄金期にするための方法をチェックリスト形式で楽しくご案内！
978-4-334-04357-5

952
日本人はなぜ臭いと言われるのか
体臭と口臭の科学
桐村里紗
「におい」は体の危機を知らせるシグナル。体臭・口臭に気付き改善することは根本的な健康増進につながる。におい物質と嗅覚や脳の関係、体臭をコントロールする方法なども紹介。
978-4-334-04358-2

953
知の越境法
「質問力」を磨く
池上彰
森羅万象を嚙み砕いて解説し、選挙後の政治家への突撃取材でお馴染みの池上彰。その活躍は〝左遷〟から始まった。領域を跨いで学び続ける著者が、一般読者向けにその効用を説く。
978-4-334-04359-9

954
警備ビジネスで読み解く日本
田中智仁
警備ビジネスは社会を映す鏡——。私たちは、あらゆる場所で警備員を目にしている。だが、その実態を知っているだろうか？「社会のインフラ」を通して現代日本の実相を描き出す。
978-4-334-04360-5